dtv

Welche Eltern wünschen sich nicht starke Kinder? Kinder, die die unvermeidlichen schwierigen Situationen in ihrem jungen Leben unbeschadet überstehen, Kinder, die voller Mut, Selbstvertrauen und Souveränität die Dinge anpacken. Dies ist weitgehend eine Frage der Erziehung, meint Katharina Zimmer und beruft sich dabei auf neueste Erkenntnisse der Entwicklungspsychologie. Groß ist demnach der Anteil der Eltern daran, dass Kinder Resilienz entwickeln, also Widerstandsfähigkeit, Flexibilität und innere Stärke. Wer von klein auf ein Urvertrauen in das eigene Tun aufbauen kann, wird später als Erwachsener auch vor größeren Herausforderungen nicht zurückschrecken und wird die dafür notwendige Zuversicht und Kraft aufbringen. Kompetent und mit viel Einfühlungsvermögen weist die Autorin den Weg zu einer Erziehung nach dem Stärke- und Vertrauensmodell, die sich nicht an den Defiziten und Schwächen des Kindes orientiert, sondern gezielt seine inneren Kräfte mobilisiert und fördert.

Katharina Zimmer, langjährige Mitarbeiterin der Wochenzeitung ›Die Zeit‹, lebt heute als freie Autorin in Südfrankreich. 1990 wurde ihr Gesamtwerk mit einem Preis für Wissenschaftspublizistik der Deutschen Gesellschaft für Psychologie ausgezeichnet. Zuletzt ist von ihr erschienen: ›Doktor Delphin. Wie Tiere heilen helfen‹ und ›Die Kunst, allein zu leben‹ (beide 2004).

Katharina Zimmer

Widerstandsfähig und selbstbewusst

Kinder stark machen fürs Leben

Deutscher Taschenbuch Verlag

Ungekürzte Ausgabe
Oktober 2005
2. Auflage Februar 2009
Deutscher Taschenbuch Verlag GmbH & Co. KG,
München
www.dtv.de

Umschlagkonzept: Balk & Brumshagen
Umschlagfoto: Corbis/Stephen Welstead
Satz: Druckerei C. H. Beck, Nördlingen
nach einer Vorlage des Kösel-Verlags, München
Druck und Bindung: Druckerei C. H. Beck, Nördlingen
Gedruckt auf säurefreiem, chlorfrei gebleichtem Papier
Printed in Germany · ISBN 978-3-423-34225-4

Inhalt

Empathie – Mitgefühl 54

Warum Eltern unsicher sind 84

Kommunikation – das A und O 97

Sein Kind akzeptieren, so wie es ist 118

Der beste Start im Leben

Eltern sind Schatzgräber

Wir sind es gewohnt, chronologisch zu denken. Das gilt vor allem, wenn es um unsere Kinder geht. Es scheint uns ganz natürlich. Denn wenn ein Baby auf die Welt kommt, denken wir mehr als sonst ans Heute und Jetzt. Wir lassen uns davon vollkommen gefangen nehmen, und das ist gut so, denn Neugeborene und Kleinkinder brauchen all unsere Aufmerksamkeit. Sie »gedeihen« am besten, wenn wir uns ganz auf sie einlassen.

Häufig ergeben sich dabei viele Fragen, ja sogar Probleme. Sie zwingen die Eltern dazu, ein bisschen weiter zu blicken. »Erziehen« sie das Kind auch richtig? Tun sie wirklich immer das Richtige? Gelegentlich taucht dann auch eine Zukunftsperspektive auf. Sie wird mit zunehmendem Alter des Kindes – hoffnungsvoll oder besorgt – in den Gegenwartsalltag mit einbezogen. Wie wird es sich wohl im Kindergarten, in der Schule und sogar danach bewähren? Wir sehen die Entwicklung und die Möglichkeiten unserer Tochter oder unseres Sohnes als eine Abfolge von zeitlichen Geschehnissen vor uns.

Erst einige Wochen und Monate nach der Geburt zeigt sich dann, was man vielleicht nie bedacht hatte:

Zum Ersten entsprechen eine Reihe von Kindern nicht, ja widersetzen sich in ihrer körperlichen Entwicklung, ihrem Charakter, ihren Begabungen, ihrem Temperament und ihrem Nervenkostüm den anfänglichen Vorstellungen der Eltern. Mehr und mehr unter ihnen sind sogar richtig »schwierig«.

Zweitens merken Eltern, dass sie selbst häufig keineswegs wie ein Handschuh zu ihren Kindern passen. Der Vorzug der genetischen Verwandtschaft wirkt sich nicht immer gemäß den Vorstellungen aus. Und nahezu alle Eltern sind heute durch Berufsleben und private Sorgen extrem in Anspruch genommen. Das steht dem Zusammenpassen im Wege. Zum Beispiel, weil man sich nicht richtig *kennen lernen* kann. Weil man die ganze facettenreiche Choreographie der Kommunikation – körperlich und verbal – nicht ausreichend aushandeln kann.

Wundern wir uns eigentlich noch, wie Bertolt Brecht zu konstatieren: »... doch die Verhältnisse, die sind nicht so«? Nicht so, wie wir sie uns vorgestellt hatten. Das gilt auch für fast alles Weitere im und ums Leben unserer Kinder. Die Welt, in der wir gegenwärtig leben, ist weder für sie noch für die Eltern, die durch Beruf und unterschiedlichste Sorgen oft stark belastet sind, noch für die Beziehung, die sie miteinander entwickeln müssen, förderlich. Sie stellt sich ihnen meist geradezu entgegen: unmenschliche Zeiteinteilungen, unmenschlicher sozialer Umgang im professionellen und alltäglichen Leben, Stress durch schlechte Wohnverhältnisse, Arbeitszeiten, durch Konkurrenz, durch Lärm, Luftverschmutzung, zu viele Autos und tausend Gefahren, die nichts mehr mit den Risiken zu tun haben, für die das Naturwesen Mensch ursprünglich ausgerüstet ist.

Viele erleben die Welt als feindlich und böse. Diese Sicht ist unrealistisch. Und noch unrealistischer ist es, Schutzwälle um sich und seine Kinder errichten zu wollen. Es hat keinen

Sinn, uns von der Gemeinschaft und dem Leben abzukapseln. Innerhalb dieser Mauern fände man keinen Frieden, sondern nur Entfremdung von jeder sozialen Erfahrung. Wir sind Gemeinschaftswesen, ganz und gar auf Kommunikation und Gefühlsbeziehungen mit anderen angewiesen. Die Familie als »Schutz- und Trutzbündnis« gegen eine feindliche Welt verlöre ihre Funktion als Modell für eine größere menschliche Gemeinschaft, auf die sie angewiesen ist. Neurosen, ja Wahnsinn wären unser und unserer Kinder Los, dafür gibt es viele Beispiele. Wir kommen nicht weiter, wenn wir die Welt um uns als familienfeindlich und gefährlich anklagen. Schließlich sind wir ein Teil von ihr, und sie hat auch uns hervorgebracht und geformt. »Home is where we start from«, heißt ein Buchtitel des Entwicklungspsychologen Donald Winnicott.[1] »Zu Hause ist, von wo wir starten, ausgehen, beginnen.« Das deutet eine Bewegung nach draußen an. *Home*, zu Hause, das ist für Winnicott die sichere Basis, auf der eine gesunde Entwicklung aufbauen kann. Diese Entwicklung wird das Kind befähigen, sich in zunächst noch relativ engen Kreisen wie Freunden der Familie, Kindergarten und Schule und später in immer weiteren Kreisen wie Ausbildung, Studium, professionellen, sozialen und politischen Aktivitäten selbstständig zu bewähren. Es wird persönliche engere oder losere Beziehungen eingehen. Wir nennen all das »soziale Kompetenz«, mit ihr sind all unsere anderen Kompetenzen aufs Engste verknüpft.

Gewiss, für Eltern und Kinder gibt es reichlich Sand im Getriebe, das heißt, Schwierigkeiten, an denen sie selbst unschuldig sind. Und nicht nur, wenn es darum geht, gute, sicherere und feinfühlige Familienbeziehungen zu entwickeln. Niemand, so sehr er es auch möchte, ist immun gegen Umwelteinwirkungen.

Die Probleme, der Stress und die Frustrationen, denen sich unsere Kinder und wir uns mit ihnen stellen müssen, haben in den letzten Jahren stetig zugenommen. Aber wir sitzen alle, Kinder, Eltern, Lehrer, Ärzte, Therapeuten und Psychologen, im selben Boot und haben keine andere Wahl, als mit unserer Welt schlecht und recht klarzukommen. Sie zu verdammen hilft nicht. Vor ihr flüchten oder sich von ihr abschotten auch nicht.

Erziehung nach dem Defizitmodell

So, wie wir es bisher gemacht haben, scheint es nicht weiterzugehen. Erziehung bedeutete im Wesentlichen ja, dass sich alle Beteiligten vor allem auf die *Probleme* und *Schwierigkeiten* des Kindes konzentriert haben. Bei Eltern ist das ganz natürlich und verständlich, zumal sie, wie eben erwähnt, ganz und gar und gegenwärtig damit konfrontiert sind. Bei den Professionellen bringt es mehr oder weniger die Art der Ausbildung mit sich. Kinderpsychologen haben insbesondere gelernt, Probleme zu identifizieren und zu diagnostizieren und Behandlungen bzw. Therapien vorzuschlagen, die die Symptome reduzieren und reparieren.

Wir können diese Art und Weise, mit Kindern umzugehen und sie wahrzunehmen, das »Defizitmodell« nennen. Es ist eine Fokussierung, eine Einengung der Sicht auf die Schwächen und »Mängel« des Kindes. Mehr und mehr stellen wir allerdings fest, dass die Beseitigung und Besserung von Symptomen heute nicht mehr ausreicht. Vor allem für langfristigen Erfolg. Ein Kind, das heute gewissen Umweltansprüchen genügt, weil es unauffällig »funktioniert«, sozusagen pflegeleicht ist (zum Beispiel den Eltern gehorcht, früh schlafen geht, nie protestiert, nie seinen Kopf durchsetzen will, nicht zu viel Aktivität und Vitalität entwickelt, das motorisch und sozial unauffällig ist usw.), kann morgen gerade aufgrund seiner Angepasstheit versagen. Nach den Maßstäben bestimmter Erzieher effizient zu funktionieren heißt nicht, eine *Person* zu sein. Auf den Wandel der Maßstäbe, wie wir ihn heute ständig erleben, kann aber nur eine gefestigte Person angemessen und kompetent reagieren.

Wir vernachlässigen mit dem Defizit-Erziehungsmodell die Entwicklung der Persönlichkeit. Bei manchem Kind zum Beispiel, an dem ständig »herumerzogen« wird (mit Verboten wie »Finger weg«, »das darfst du nicht«, »wehe, wenn du …« oder Geboten wie »du musst immer«, »hier wird gehorcht!«, »du machst jetzt erst einmal …«), und auch bei einem, das allzu zahlreiche Therapien erlebt, mag sogar das Gefühl verloren gehen, *als eine Person erkannt zu werden*. Schlimmer noch: Wenn der Umgang mit ihm von Anfang an auf nichts anderes gerichtet ist, als zu »reparieren«, was nicht in Ordnung ist oder was man dafür hält, entwickelt sich vielleicht das Gefühl, *eine Person zu sein*, erst gar nicht.

Kein Kind, kein Mensch ist die Summe seiner Defizite, ebenso wenig wie er die Summe seiner Fähigkeiten ist. Man kann einen Menschen nicht auf seine Effizienz reduzieren.

Dies soll einer unserer leitenden Gedanken sein. Denn er geht alle Eltern und Erzieher an. Sehen wir einmal die Dinge ganz anders als bisher. Gehen wir nicht, wie gewohnt, vom Anfang, sondern von der Zukunft, von Langfristigkeit aus. Wir wollen das Wohl unseres Kindes nicht nur für heute und jetzt erreichen, sondern auch später soll Bestand haben, was wir in dieser Stunde, an diesem Tag mit ihm gemeinsam tun. Das trifft auf vieles nicht zu, was wir in eingefahrenen Bahnen tun.

Wir können jedoch mehr Erfolg haben, *wenn wir aufmerksam für die positiven Kräfte in einem Kind werden*, statt uns auf *die Probleme und Defizite zu fixieren.* Dann wird es viel leichter, unser Ziel zu erreichen, dass unsere Kinder ihre Zukunft selbst gestalten können. Wir müssen sozusagen einen Kompass im Herzen tragen, der auf ihre Zukunft weist. Das, was die Nadel in die richtige Richtung bewegt, darf nicht unser eigener Ehrgeiz sein. *Es ist der Schatz, der von Anfang an und jetzt in jedem Kind steckt: seine Kraft, seine Stärke.* Er kann wie ein Magnet für unseren Kompass wirken. Wenn wir *Vertrauen* in diese Stärke eines jeden Kindes haben, kann er Wunder bewirken. Vertrauen in seine Stärken, egal, wie das Kind sich bei seiner Geburt präsentiert: wie hübsch, wie kräftig, schwächlich, wie gesund, krank oder behindert.

Ich meine damit nicht, unrealistisch sein. Denn wenn wir erkennen, dass es schwach ist, sollten wir umso mehr daran setzen, seine Stärken auszugraben und ihnen zu vertrauen, das heißt auf ihnen gemeinsam mit ihm aufzubauen. Ich werde an Beispielen aufzeigen, wie das geht, auch in schwierigen, manchmal aussichtslos scheinenden Situationen.

Setzen wir dem *»Defizitmodell«* ein neues Erziehungs- und Lebensmodell entgegen. Ich nenne es einmal das *»Stärke-Vertrauensmodell«*. Manche wären wahrscheinlich geneigt, es als so etwas wie ein »Fitnessprogramm« anzusehen. Das würde es jedoch nicht treffen. Denn Fitness erreicht man durch Training, und hier geht es um viel mehr und anderes als Training. Mit Training erwirbt man nicht das, was ich mit Widerstandsfähigkeit, Flexibilität und Kompetenz in einer sich wandelnden Welt meine. Und Training lässt sofort an Konkurrenz denken. Unser Modell jedoch soll auf Stärke und Vertrauen ganz unabhängig von Konkurrenzdenken bauen. Unsere Kinder brauchen ja etwas, das ihnen immer, in allen Lebenssituationen helfen kann, das sie widerstandsfähig macht. Dazu reicht »fit« für Wettkampf zu sein nicht aus.

Aber ziehen wir auch aus Begriffen wie »Widerstandsfähigkeit« und »Stärke« keine falschen Schlüsse. Viele Eltern wünschen sich widerstandsfähige, starke Kinder. Aber viele denken immer noch, Stärke erreichte man durch Härte. »Stark macht, was hart macht« oder »Gelobt sei, was hart macht«, so hießen Sprüche unserer Eltern und Großeltern, an die wir uns nicht gern erinnern, denn wir wissen, welcher totalitäre, menschenfeindliche Geist sie auf seine Fahnen schrieb. Trotzdem halten viele, ohne recht darüber nachzudenken, daran fest oder handeln danach, gerade wenn es um Kinder geht. »Er muss eben hart werden für diese Welt«, sagte mir ein Vater, der seinen Sohn geschlagen hatte. »Sie müssen Frustrationen ertragen lernen!«, sagen Eltern von oft erst wenige Tage oder Wochen alten Babys. Die Wissenschaft hat gezeigt (und ich werde es später erklären), warum das falsch ist und warum Eltern mit solchen Erziehungsmaßnahmen das Gegenteil von dem erreichen, was sie wünschen. Denken wir daran, dass Wasser weich ist, aber dass es Steine aushöhlen kann. Es ist stärker als Stein. Wiederum Bertolt Brecht lässt den »Weisen« seine Weisheit in den Worten zusammenfassen, »dass das weiche Wasser mit der Zeit auch den harten Stein besiegt«. Weichheit kann Stärke sein, und das Gleiche trifft sogar für Schwäche zu. Eine Schwäche kann Stärke bedeuten, wenn wir ihre Qualitäten entdecken und richtig nutzen.

Wir werden feststellen, dass ein »guter Start im Leben« auf diese Weise erst einen dauerhaften Sinn bekommt. Ich will im Folgenden zeigen, wie es möglich ist, Kindern ihre wahren, ihre psychischen Stärken entwickeln zu helfen.

Hier ein Beispiel, das zeigt, wie damit *alle* Fähigkeiten eines Kindes gefördert werden:

Einer meiner Freunde ist Arzt und behandelte ein ganzes Berufsleben lang Kinder, häufig Babys und Neugeborene, wegen angeborener Herzfehler. Wir sprachen darüber, wie er es ausgehalten hatte, die minutiös präzisen Eingriffe vorzunehmen, bei denen Bruchteile von Millimetern, ein winziges Zittern der Hand, ein um Mikromillimeter genau in haarfeine Gefäße eingeführter Katheter über Leben und Tod entscheiden konnten. Was ihm dabei geholfen habe, sei nicht nur Erfahrung gewesen, sagte er mir: »Ich glaube, ich habe vom Beginn meines Lebens an eine ungeheure Sicherheit mitbekommen. In solchen Situationen, vor denen ich natürlich zunächst genauso Angst habe wie ein anderer, schöpfe ich daraus mein Selbstvertrauen. Ich verdanke es meiner Mutter. Sie muss mir vom ersten Lebenstag an das Gefühl vermittelt haben, wunderbar zu sein, alles schaffen zu können.« Darin hat ihn später auch sein Vater unterstützt. »Meine Eltern haben mich niemals entmutigt oder mein Vertrauen in mich und sie untergraben. Sie glaubten an mich, das spürte ich – auch in ganz banalen Dingen. Vielleicht hat mich meine Mutter ein bisschen zu sehr zu behüten versucht, vielleicht habe ich mich später manchmal ein wenig eingeengt gefühlt. Alles in allem jedoch, glaube ich, waren die ersten Jahre in meinem Leben wohl entscheidend für mein späteres Selbstvertrauen.« Und das hatte er nötig, weil er oft Herausforderungen bewältigen musste, die man nicht im Rahmen eines Studiums oder einer Ausbildung bestehen lernt: wie Eltern die schweren Herzleiden ihrer Kinder zu erklären, die nicht immer Anlass zu Hoffnung gaben. Oder wie manchmal auch in fast aussichtslosen Fällen noch in letzter Minute die geeigneten internationalen Spezialisten zu finden, zu überzeugen und zu helfen, dass das Baby und seine Eltern womöglich ans andere Ende der Welt transportiert wurden und dass finanzielle Mittel dafür bereitstanden. Er hat fast immer darauf vertraut, dass andere ebenfalls helfen würden.

So etwas erscheint Menschen, die häufig von Selbstzweifeln, von Zweifeln an Kollegen, Freunden und Partnern oder von Eifersucht zernagt werden, wie ein Wunder. Sie sehen den Beneidenswerten als ein Sonntagskind an, einen, der mit einer Glückshaube geboren wurde. Dabei ist alles mit rechten Dingen zugegangen. Die Eltern waren einfach in der Lage, ihrem Kind das Wichtigste mit auf den Weg zu geben. Vielleicht wussten sie es gar nicht, vielleicht aber hatten sie wie der Sohn auch von ihren Eltern und aus ihrer Kindheit das notwendige Vertrauen mitbekommen, es schon richtig zu machen.

Denn woher sollten sie es wissen? Es wurde ihrem Sohn nicht an der Wiege gesungen, dass er später ständig hochverantwortungsvolle Handlungen und Entscheidungen ausführen musste, in denen er sich auf sich selbst verlassen können würde. Und überhaupt wird niemandem zu Beginn seines Lebens eine Art Wege- oder Straßenplan mitgegeben, in dem verzeichnet ist, in welche schwierigen Situationen ihn sein Leben führen wird. Mehr als jemals zuvor ist unsere Welt im Wandel. Auf manchen Gebieten, Technologien zum Beispiel, die sich weit ins Sozialleben und sogar in die privatesten, persönlichsten Bereiche hinein auswirken, erschüttert er viele Menschen in den Grundfesten. Alles, was einer ein Leben lang gelernt, sich erarbeitet und brav befolgt hat, kann plötzlich wertlos werden. Wenn alles so einfach wäre, dass man manchmal »nur« in einen anderen Beruf umlernen muss. Der Wandel unserer Welt geht ja viel weiter, er lässt Wertsysteme wie Kartenhäuser zusammenfallen, Erziehungskonzepte, die Generationen lang als gültig weitergegeben wurden, reichen nicht mehr aus oder sind ganz in Frage gestellt. Wir, junge und alte Menschen, sollen uns Ansprüchen gewachsen zeigen, die oft unausweichlich an uns herangetragen werden und die wir erfüllen müssen, ohne eigentlich darauf vorbereitet zu sein.

Niemand kann für alle Situationen vorbereitet sein. Ob jemand viele davon meistert oder an vielen scheitert, entscheidet letztlich eine Art Grundausstattung, die das Kind offenbar ziemlich früh schon mitbekommt. Ich meine damit nicht, sie sei ihm angeboren. Gewisse Eigenschaften und Fähigkeiten sind es zwar. Aber worauf es ankommt, ist, ob und wie es sie überhaupt zu erkennen und zu nutzen weiß. Dabei können ihm die Menschen, die es lieben, helfen. Am wirksamsten ist diese Hilfe am Lebensanfang, weil sich hier Grundstrukturen in seinem Verhalten bilden.

Der Arzt in meinem Beispiel ist vielleicht als eher ängstliches, sensibles Kind auf die Welt gekommen. Wenn das so war, haben seine Eltern ihm mit ihrem Verhalten gezeigt, dass er Ängstlichkeit nicht nötig hat. Dass er andere Qualitäten hat, mit denen er sie überwinden kann. Sie haben ihm vielleicht auch ermutigend gezeigt, dass eine gewisse Ängstlichkeit und Sensibilität ihm große Vorteile bringen kann. Zum Beispiel, um andere besser zu verstehen, sich in ihre Lage zu versetzen und wirklich verantwortungsbewusst zu handeln. Die allzu hemmenden, negativen Anteile seiner Ängstlichkeit verschwanden so möglicherweise.

Ein anderer war vielleicht nicht sehr mathematisch oder sprachlich oder künstlerisch begabt. Wenn diese Begabungen diejenigen waren, die in seiner Schule oder von seinen Freunden besonders geschätzt wurden, befand er sich in einer schlechten Ausgangssituation. Seine Eltern aber, die sich vielleicht auch insgeheim ein Kind mit diesen Eigenschaften gewünscht hatten, konnten ihm zeigen und ihn erleben lassen, dass er andere, gesellschaftlich auch geschätzte

Qualitäten hatte. Dass man mit der richtigen Motivation und Glauben an sich selbst auch auf Gebieten, die einem nicht »so liegen«, Ausgezeichnetes zustande bringen kann.

»Glaube an sich selbst«, das sagt sich so leicht. Aber auch daran haben Eltern einen wesentlichen Anteil. Sie haben ihr Kind von Geburt an täglich erleben lassen, dass geliebt zu werden, wirklich geliebt zu werden, nicht von Fähigkeiten oder Leistungen abhängig ist, die man erst mal erbringen muss. Dann geschah vielleicht das Unglaubliche: Eben dieses Kind meisterte schwierige Situationen besser als seine begabten Kameraden. Vor allem konnte es besser unerwarteten Situationen standhalten. Die Eltern und die anderen Menschen, die in seinen ersten Lebensjahren für ihn *verlässlich und ermutigend* da waren, haben nicht frustriert reagiert, weil er nicht ihren Vorstellungen entsprach und schlechte Noten aus der Schule mitbrachte. Sie haben ihn nicht angehalten, Mathe nun jeden Tag noch mehr zu büffeln. Sie haben ihn nicht mit Vorwürfen überhäuft wie: »Wir haben dir immer gesagt, du musst dich auf den Hosenboden setzen. Jetzt hast du die Quittung!« Das mathematisch wenig begabte Kind wäre dadurch noch mehr entmutigt worden, seine Leistungen wären mit seinem schwindenden Selbstvertrauen noch schlechter geworden. Die Eltern haben etwas ganz anderes getan, nämlich ihm einen Schatz mitgegeben, nein, sie haben ihn in ihrem Kind aufgespürt und ihn gemeinsam mit ihm ausgegraben. Und er erweist sich als wertvoller als jeder messbare Wert, wie erfolgreich abgeschlossene Schule, Ausbildung oder Studium. Vor allem erweist er sich als stets brauchbar und nützlich, was auch in seinem Leben geschieht.

Was sind die Schätze, die wir hervorholen?

Eltern entdecken zum Beispiel bei ihrem kleinen »Matheversager«, dass er den Vater regelmäßig im Schachspiel schlägt. Nanu, denken sie, der kann ja fabelhaft logisch vorgehen. Vielleicht ist er in der Schule darin schlecht, weil da nicht seine wahren Fähigkeiten angesprochen werden.

Ein solcher Schatz sind die positiven Kräfte, die in jedem Kind stecken, die es stolz, die es besonders machen. Viele Eltern spüren sie in ihrem Kind vom ersten Moment an, indem sie es in ihren Armen halten. Sie »begrüßen« diese Stärken unentwegt in winzigen, banalen täglichen Handlungen. Wenn wir jemanden begrüßen, ermutigen wir ihn durch diese Geste, offen zu sein, mit uns zu kommunizieren, etwas von sich zu zeigen. Eltern tun das unbewusst fast jedes Mal, wenn sie ihr Baby hochnehmen, ansehen und ansprechen. Sie laden es förmlich ein zu zeigen, was es kann, indem sie freundlich ermunternd die Augenbrauen hochziehen, den Mund weit öffnen und einen aufmunternden hellen Klang in ihre Stimme legen. Und dann zeigen sie ihre Freude über die Bemühungen des Knirpses, der mit dem ganzen Körper seinen Eifer ausdrückt. Das Kind muss gar nichts Überragendes tun, seine Besonderheit lebt ja vom Auge des liebevollen Betrachters. Warum bleiben wir Erwachsenen nicht auch später so mit den Größeren? Warum beschränken wir diese Chance auf die Babyzeit? Müsste nicht jedes Lehren und Fördern eines Kindes nach diesem Prinzip ausgeübt werden?

Ich werde mich immer daran erinnern, wie ich mein erstes, schwer mehrfach behindertes Kind, ein Mädchen, aus dem Krankenhaus zum ersten Mal nach Hause bringen durfte. Sie hatte dort viereinhalb Monate lang in einem weiß lackierten, mit weißen Mulltüchern umhängten Gitterbettchen gelegen, die Arme seitlich angebunden, damit sie sich nicht die an ihrem Kopf befestigten Sonden und Katheter herausriss. Nur ganz am Schluss hatte ich sie bei meinen Besuchen manchmal auf dem Arm halten dürfen und musste nicht hinter einer Glasscheibe wie sonst auf ihr Leiden herabschauen. Nun brachte ich sie in das bunt und freundlich für sie hergerichtete Zimmerchen zu Hause.

Es geschah etwas ganz Erstaunliches. Kaum kam ich mit der Kleinen herein, schaute sie sich um, als traute sie ihren Augen nicht. In ihr Bettchen, in das ich sie legte, schien die Sonne, und das Erste, was sie entdeckte, war ihr Schatten an der Wand. Fasziniert verfolgte sie die Bewegungen, die ihren eigenen, ziemlich unkoordinierten folgten. Nach eine Weile fing sie bei diesen Beobachtungen plötzlich an zu lachen, richtig belustigt, und zappelte noch mehr.

Man hatte mir gesagt, ich sollte lieber nicht zu viel, genau genommen gar nichts von ihrer Entwicklung erwarten, weder körperlich noch geistig. Ich jedoch sah die Dinge nun ganz anders. Beeindruckt von ihrem ersten Lachen und ihren ersten Reaktionen, dachte ich, nein, wusste ich, dieses Kind ist intelligent. So beobachten und so lachen kann nur ein Baby, das auch noch andere Fähigkeiten entwickelt. Ähnlich wie das Kind konnte ich mich vor Freude über diese Entdeckung nicht lassen. So ging es dann immer wieder. Und sie entwickelte sich – körperlich langsamer, aber geistig schnell und in allem ganz anders als erwartet. Heute ist sie eine selbstständige junge Frau mit einem Beruf und Ausbildungen, in denen sie sich täglich neben ganz gesunden jungen Erwachsenen zu bewähren versucht. Sie wohnt allein, allein mit drei Katzen. Und sie verreist allein, ihre Leidenschaft sind Wanderreisen und Studienreisen in südliche Länder. Gelegentlich wird sie in ihrem Arbeitsleben und ihrem Abendstudium wegen ihres Andersseins gedemütigt, aber von mehr Menschen noch wird sie ermutigt, und daran versucht sie sich zu halten.

Gewiss verdankt sie das alles Ärzten, Therapeuten und Lehrern, die an sie als Person geglaubt haben. Am meisten vielleicht aber den starken Kräften, die von Anfang an in ihr steckten und die wir, ihre Eltern, mit ihr wie Schätze täglich aufs Neue – entgegen allen vernichtenden Prognosen – ausgruben. Ich glaubte an sie und sah in jedem ihrer anfangs bescheidenen Fortschritte die Kräfte, die in ihr am Werk waren und zur Entfaltung drängten. Und es schien mir vollkommen einleuchtend und jedes Mal wie eine Beruhigung bei allen Sorgen um sie, dass aus jedem dieser winzigen Fortschritte ein nächster folgen würde. Ich konnte ihn fast vorhersagen. Bald verbot ich mir, sie mit anderen Kindern zu vergleichen. Sie sollte sich nicht und ich wollte mich nicht in einen Leistungswettbewerb hineinziehen lassen.

Später hielten wir es genauso. Wenn sie sich vom Vergleich mit gewissen Fähigkeiten anderer Kinder, auch denen ihrer jüngeren Schwester, entmutigt fühlte, erzählte ich ihr, wie es am Anfang mit ihr war und was ich in Situationen wie der eben geschilderten in ihr entdeckt hatte, meine Freude darüber, und vor allem: dass ich Recht behalten hatte. Denn schließlich musste sie einräumen, dass aus dieser Kleinigkeit wie der humorvollen Beobachtung ihres Schattenspiels an der Wand Beachtliches hervorgegangen war. Sie konnte außerordentlich scharfsichtig beobachten, zuhören und sehr sensibel Menschen einschätzen – zum Beispiel. Es gab auch praktischere. Eins noch: Mit etwa zwei Jahren oder ein wenig jünger saß sie neben mir in der Küche auf der Erde und sah mir beim Kartoffelschälen zu. Sie wollte auch Kartoffeln haben. Ich legte ihr einige zwischen die Beine und ging weiter meiner Arbeit nach. Als ich dann einmal zu ihr hinunterschaute, sah ich, dass sie aus ihren Spielutensilien ein Löffelchen in der Hand hatte. Sie hielt es verkehrt herum und benutzte den Löffel, um mit der gleichen schabenden Geste, wie sie es offenbar bei mir beobachtet hatte, einzeln an ihren

Kartoffeln zu arbeiten, die sie mit der anderen Hand genauso wie ich hielt. Sie schälte Kartoffeln! Symbolisch. Ich war natürlich ganz begeistert und konnte es kaum abwarten, es abends ihrem Vater zu erzählen. Ein bisschen skeptischer als ich, freute er sich doch auch. Was für ein tolles Kind wir hatten!

So tun es viele Eltern und können es alle mit ihren Babys tun. Je mehr sie diese Kräfte und Stärken »willkommen heißen«, desto mehr wird ein Kind sie zeigen, sie selbst herausfinden, wie die ersten Laute, die ersten Versuche, allein zu essen, zu laufen, Klötzchen aufeinander zu türmen usw. Es wird sich sicher und geborgen dabei fühlen. Und weil es seiner Mutter und seinem Vater dabei nicht um *Wettbewerb* mit anderen Kinder und Eltern geht, wird die ganze Familie dabei ganz entspannt wirklich *Spaß* haben. Am meisten das Kind. Sein Selbstvertrauen und sein Vertrauen in die Personen, die ihm ihre Anerkennung, Freude und Liebe zeigen, werden es auch in seinen schwächeren Fähigkeiten stützen und fördern. Vor allem wird es so von Tag zu Tag mehr ausgerüstet sein, auch unvorhergesehenen schwierigen, frustrierenden, traurigen oder sogar dramatischen Situationen gewachsen zu sein. Auch solchen, die sich keiner in einem Kinderdasein und auch nicht einem Erwachsenenleben vorstellen mag.

Verletzlich – doch unbesiegbar

Denken wir an das Schicksal von Anne Frank. Als kleines Mädchen musste sie schlimmste Verfolgung erleben, tägliche Lebensbedrohung, eingepfercht in ihrem Versteck, in der ständigen Angst, entdeckt zu werden. Wie reagierte sie darauf? Lesen wir, was sie in ihr Tagebuch schreibt: »Ich habe so viel Mut, ich fühle mich immer so stark und als könnte ich eine Menge ertragen. Ich fühle mich so frei und jung! Ich war glücklich, als ich es das erste Mal bemerkte, denn ich glaube jetzt, dass ich mich nicht beugen lassen werde von den Schicksalsschlägen, die unweigerlich jeden treffen.«[2] Dieses junge Mädchen drückt genau das aus, was ich meine, und zeigt, wie sie in dieser verzweifelten Situation aus ihrem persönlichen Schatz ihre besondere Begabung hervorholen konnte: eine erstaunliche seelische Kraft und kreative Begabungen, die Begabung zu schreiben zum Beispiel.

Fragen wir uns einmal, was hätte ihr »Erziehung« in unserem traditionellen Verständnis in dieser Situation geholfen? Die Eltern hätten ihr Ziel darin gesehen, ein gehorsames, nie widersprechendes, bei Tisch stillsitzendes und möglichst auch stillschweigendes Kind zu erziehen, das freundlich schon im zweiten Lebensjahr danke und bitte sagt, das fleißig seine Hausaufgaben macht, das gute Zensuren bekommt, niemals aneckt oder aufmuckt, das lieb sein Zimmer aufräumt, sich entschuldigt, das früh einschläft und nicht verschlafen aufwacht. So ein Kind nennen die französischen Mütter hoch anerkennend »une pâte«, einen Kuchenteig, weil man es formen und kneten kann, wie man möchte. Hätte Anne Frank unter solchen oder ähnlichen Voraussetzungen ihr Tagebuch geschrieben und sich stark gefühlt? Würde es anderen Kindern angesichts unerwarteter Anforderungen oder Konflikte, wie sie unsere heutige Welt auf Schritt und Tritt an sie heranbringt, geholfen haben? Was nützte ihnen zum Beispiel das überbewertete (jedoch nicht wertlose) Konzept des Gehorsams in einer Situation, in der Eigeninitiative und Selbstbewusstsein von ihnen verlangt werden? Was ihr saurer Fleiß, wenn plötzlich Fantasie und Kreativität gefragt sind? Was mathematischer Verstand, wenn plötzlich emotionale Qualitäten – zum Beispiel in der Kommunikation – viel hilfreicher wären?

Ich möchte damit nicht sagen, dass alle traditionellen Konzepte dumm oder sinnlos sind. Ich möchte nicht einem chaotischen »Laisser faire« das Wort reden, das Kindern keinen Halt und kein Gefühl der Sicherheit vermitteln könnte. Im Gegenteil: Wenn wir nach dem Stärke- und Vertrauensmodell handeln, geben wir ihnen mehr Sicherheit als mit einer Erziehung, die auf Angst und Strafe baut. »Grenzen zu setzen« darf nicht zum Erziehungsziel an sich werden, auch wenn es gelegentlich notwendig ist, zum Beispiel wenn sich ein Kind in Gefahr bringt. Manche Eltern denken, es sei ihre Aufgabe, es schon frühzeitig mit Frustrationen und Grenzen zu konfrontieren. Das ist falsch. Frustrationen und Grenzen begegnet ein Kind unentwegt, wir haben nur den Blick dafür verloren. Die wahre Aufgabe für Eltern, die ihre Kinder für die Zukunft stark machen wollen, ist, dass sie ihnen helfen, mit Frustrationen konstruktiv umzugehen, und dass sie Grenzen und deren Sinn, Notwendigkeit oder auch Sinnlosigkeit selbst erkennen. Eltern können ihnen in täglichen gemeinsamen Handlungen vermitteln, dass man auf sie vorbereitet sein muss und dass sie kein Grund sind, alles hinzuschmeißen oder mit dem Kopf durch die Wand zu wollen.

Ich möchte zu bedenken geben, dass Traditionen in einer veränderten Welt mit niemals erwarteten und vorhergesehenen neuen Ansprüchen überdacht werden müssen. Sie werden den heutigen Anforderungen meist nicht mehr gerecht. Und viele, zum Beispiel die der Gewalt, die der »schwarzen Pädagogik« waren niemals gut. Es gibt jedoch alte Erziehungsmodelle oder -grundsätze, die sich heute bewähren. Sie stehen in keinem Widerspruch zu der »Schatzsuche«, von der ich spreche. Die meisten Eltern wenden sie instinktiv an, und sie sind heute so wertvoll wie früher. Letzten Endes lassen sie sich immer zurückführen auf bestimmte affektive und ethische Qualitäten wie Mitgefühl, Achtung vor dem Kind und anderen Menschen, Geduld und Intuition. Von jeher haben unzählige Eltern versucht, ihrem Kind von Anfang an Geborgenheit, Sicherheit, Verlässlichkeit und das Gefühl, bedingungslos geliebt zu werden, zu geben, das heißt, etwas ganz Besonderes, Einzigartiges für sie zu sein. Der Wert ihres Kindes war für sie etwas anderes als ein fernes Endprodukt, das sie nach langer Schnitz- und Feil- und vor allem Ausbesserungsarbeit stolz ihren Freunden vorführen konnten: ihr Werk! Ein gesellschaftlich reibungslos funktionierendes Objekt.

Es zeigt sich, dass Erziehungsbemühungen wie anständiges Benehmen, Gehorsam lernen, in der Schule gute Zensuren bekommen sich in der heutigen Welt als vergleichsweise nur beschränkt nützlich (oder sogar überflüssig) erweisen. Ist es nicht gut, beispielsweise ein Kind zu haben, das auch aufbegehren kann? Es wird so vielem begegnen, gegen das es aufbegehren muss. Mehr Wert, als sich einfach anzupassen, sich widerspruchslos einzuordnen, hätte es für seine Zukunft, wenn es im Zusammenspiel mit Eltern und Freunden lernte, Aufbegehren in friedliche, konstruktive Bahnen zu lenken. »Du machst nicht mit, weil du das Spiel (die Aufgabe) blöd findest? Erklär uns doch mal, warum, oder sag uns einfach, was du vorschlägst. Sicher hast du gute Argumente dafür. Welche?«, so oder ähnlich könnten wir reagieren.

Ist es nicht vernünftig, wenn ein Kind, statt zu frustrierenden Anstrengungen auf seinen schwachen Gebieten gezwungen zu werden, von *eigener Motivation und eigenem Erfolg angetrieben*, hartnäckig seine Begabungen kultiviert, zum Beispiel eine musische oder sportliche, wenn es mathematisch oder sprachlich schwach ist? Ist es nicht gut, wenn es bei Tisch mitreden möchte? So lernt es, später seine Meinung, vielleicht auch eine unbeliebte, friedlich zu vertreten.

Die bei all dem notwendige soziale Form wie Höflichkeit und Rücksicht lernt es nur durch das Vorbild seiner Nächsten und im Zusammenspiel mit ihnen. Härte und Strafen dagegen machen es dumm, hindern es am klaren Denken. Sie behindern das kindliche Gehirn in seiner natürlichen Entfaltung. Sie können, wie uns die neusten Forschungsarbeiten über das menschliche Gehirn beweisen, negative Erfahrungs- und Verhaltensmuster so erfolgreich »einschleifen«, dass sich schließlich mehr oder weniger pathologische Hirnstrukturen bilden und die Neurochemie aus der Balance gerät. Das Opfer gilt später vielleicht als cholerisch, als asozial, lernschwach, verantwortungslos, ohne Mitgefühl, reizbar und gewalttätig. Der Katalog der möglichen Folgen einer solchen Erziehung ist lang.

Manche Kinder entgehen diesem Schicksal gerade noch, weil ihnen jemand plötzlich hilft oder weil sie einfach aus der Familie fliehen. Wie jener herangewachsene Sohn, der gerade sein Physikstudium mit summa cum laude abgeschlossen hat und der sich vom Vater anhören muss: »Warum hast du dich denn nie gemeldet, wir wussten ja gar nicht ...« Seine Antwort war: »Wie sollte ich? Für euch war ich doch ein Versager, alles was ich anpackte, konnte ja in euren Augen nichts werden. Jeden Tag hast du mich spüren lassen, wie wertlos und enttäuschend ich für euch war. Und manchmal hast du es mit erbarmungsloser Härte getan. Hast du mich jemals gelobt? Damals, als ich trotz meines Asthmas das Sportabzeichen gemacht habe – ich war so stolz darauf –, da hast du gemeint: ›Na ja, bei eurem trotteligen Sportlehrer gilt auch noch der letzte Schlappi als Champion.‹ Oder als ich mein Radio repariert habe, da hast du es mir aus der Hand genommen und gesagt: ›Zeig mal her, so kann das doch höchstens eine halbe Stunde funktionieren.‹ Und dann hast du mir bewiesen, was für ein Profi *du* bist. Nie habe ich von dir ein Wort der Anerkennung gehört.«

Was ist es denn, das fast alle Eltern ihren Kindern für die Zukunft wünschen? Doch dass sie glücklich werden, erfolgreich in Schule und Beruf, dass sie Freundschaften und stabile Beziehungen aufbauen können.

Dieses Ziel würde bedeuten, dass sie auf dem Weg dahin eine besondere innere Kraft und Selbstvertrauen entwickeln, um immer wieder, Stunde für Stunde, Tag für Tag, kompetent mit Anforderungen, häufig auch ganz unerwarteten, denen sie begegnen, umgehen zu können. Im Englischen gibt es für diese Kompetenz den Ausdruck *resilience*, Widerstandsfähigkeit, Flexibilität.

Die Sozialwissenschaftlerin Emmy E. Werner benutzte diesen Begriff, um damit bestimmte, in extremer sozialer Armut und davon abhängigen anderen schlimmen Lebensbedingungen aufgewachsene Kinder zu charakterisieren.[3] Sie hatte Langzeitstudien bei der armen Bevölkerung der unweit von Hawaii gelegenen Insel Kauwai gemacht, deren Familien überwiegend in sozial und hygienisch unzulänglichen Verhältnissen leben. Es hatte sich gezeigt, dass sich viele der besonders benachteiligten Kinder völlig unerwartet und allen Erfahrungen und Prognosen zum Trotz positiv und erfolgreich entwickelten, dauerhafte Beziehungen eingingen, einen Beruf lernten und sich aus dem anfänglichen Elend zu befreien verstanden. Der Begriff wurde später zur allgemein gültigen wissenschaftlichen Bezeichnung des tausend Fragen aufwerfenden Konzepts der *resilient children*. Sie alle sind Kinder, die zwar *verletzlich*, schwach und benachteiligt, jedoch *unbesiegbar* sind.

Diese Kinder sahen sich zwei Herausforderungen gegenüber. Die eine hieß: »Warum gerade ich? Warum muss ich so viel erleiden?« Sich diese Frage zu stellen, über sie nachzudenken, hat sie dazu gebracht, der zweiten zu begegnen: »Was kann ich tun, um trotzdem glücklich zu werden?« Im Leben aller dieser Kinder schienen irgendwelche zunächst nicht gleich erkennbaren Faktoren positive innere Kräfte mobilisiert zu haben, irgendein vorbildhafter Mensch in ihrem Umfeld, der an sie geglaubt, sie wahrscheinlich vor allem geliebt hatte, der Schwächen verstehen konnte und einem solchen Kind Mut machte, seine positiven Eigenschaften, seine »Besonderheit« zu erkennen und dagegenzusetzen, der ihm in einzelnen alltäglichen Situationen zeigte, was es alles konnte, und der sein Vertrauen, liebenswert und überhaupt wertvoll zu sein, stärkte. Oft war das ein ganz einfacher, in seiner Lebenssituation genauso benachteiligter Mensch. Jedenfalls hatte es bei genauerem Hinsehen immer irgendeine für das Kind bedeutende Person gegeben, die seine positiven Kräfte gefördert und befreit hatte, eine ausgestreckte Hand, die es ergreifen konnte.

Warum Eltern oft ihr Ziel aus den Augen verlieren

Die meisten Eltern haben von Natur aus und kraft ihrer Liebe die Fähigkeit, ihrem Kind die Voraussetzungen für die notwendige Widerstandskraft in unserer sich wandelnden Welt zu geben. Allerdings scheinen sehr viele ihr ursprüngliches Ziel allzu häufig oder ganz und gar aus den Augen zu verlieren. Dazu tragen einige Umstände bei, die sie in ihrem Vorsatz behindern können. Damit sie daran ändern können, was in ihren Kräften steht, ist es gut, wenn sie sich darüber im Klaren sind:

Zunächst ist vielleicht *mangelhaftes gegenseitiges Kennenlernen* daran schuld, dass Eltern mit ihrem Vorsatz früh auf der Strecke bleiben oder zumindest gebremst werden. Das mag viele befremden, denn davon ist selten die Rede. Es ist jedoch von ungeheurer Bedeutung für das Gelingen einer Beziehung, dass man sich ausreichend kennen lernt. Eltern denken meist nicht viel darüber nach, dass sie sich und ihrem Kind dazu Zeit, sogar viel Zeit geben müssen. Da kommt dieses kleine Wesen zu Ihnen in Ihre Welt und Sie beide, Mutter (Vater) und Kind kennen sich nur von einem vagen Gefühl her. Die Zeit und Aufmerksamkeit, die Eltern ganz am Anfang einsetzen, um mit ihrem Kind möglichst gute Bekanntschaft zu machen, wird in der Zukunft reiche Früchte tragen. Allein schon viele spätere Missverständnisse auf diese Weise zu vermeiden hilft ihnen, nicht in das Defizitmodell abzugleiten. Und es ist Voraussetzung dafür, dass sie seine Stärken erkennen. Je mehr und besser sie ihr Kind von Anfang an kennen lernen, desto mehr Vertrauen werden sie in diese Stärken entwickeln. Das Gleiche gilt umgekehrt für das Baby.

Als Zweites und vielleicht am hartnäckigsten behindernd in ihrer positiven Elternarbeit wirken die nicht immer bewusst angewendeten *überkommenen Erziehungsvorstellungen* der Eltern (bzw. Großeltern), wie ich sie oben, ein wenig zugespitzt, skizziert habe. Kaum etwas ist so hartnäckig wie traditionelle Konzepte und Wertsysteme. Ohne uns ihrer bewusst zu sein, führen sie wie andere kulturell verwurzelte Ideen und Voreingenommenheiten eine Art Eigenleben in uns, dem wir uns nur schwer entziehen können. Denn wir sind vom ersten Atemzug davon geprägt, werden davon durchdrungen. Sie sind uns fast zur zweiten Natur geworden, auch wenn wir sie gern leugnen. Der Grund ist gar nicht immer, wie häufig vermutet, die Art und Weise, wie unsere Eltern uns erzogen haben und welche Vorbilder und »Mitspieler« sie für uns waren. Gewiss spielt das eine entscheidende Rolle. Vergessen wir aber auch nicht, dass wir auf Schritt und Tritt von einer sozialen Umwelt umgeben sind, die uns prägt oder zumindest beeinflusst. Die Meinung unserer Freunde und Nachbarn ist uns wichtig. Finden sie, dass unser Kind gut erzogen ist? Welche Kriterien haben sie? Oft geht es auch einfach darum, nicht unangenehm aufzufallen. »Brave«, ruhige, ordentliche, gehorsame Kinder stehen immer noch viel höher im Kurs, als wir denken. Den anderen kann so ziemlich gleichgültig sein, ob unsere Töchter oder Söhne später zu kompetenten Erwachsenen werden, die sich auch in unerwarteten Situationen selbst behaupten können. Aber Ihnen als Eltern war das doch eigentlich wichtig? Man vergisst es leicht, wenn man von einer solchen Umwelt in Atem gehalten wird. Und leicht gerät man in Gefahr, sich das so schön allgemein akzeptierte Defizitmodell zu Eigen zu machen.

Der dritte Grund, unser Ziel aus den Augen zu verlieren, ist dem zweiten verwandt: Irgendwo in uns, auch in denen mit den höchsten Zielen, steckt eine Portion *Bequemlichkeit und Feigheit*, und manchmal möchten wir auch Macht ausüben. Der Feigling will seinen Nachbarn mit einem »vorzeigbaren« Kind gefallen. Der eher Bequeme möchte, dass alles wie geschmiert geht, dass er sich nicht ständig etwas Kreatives einfallen lassen muss. Er möchte vor allem »mal« seine Ruhe haben und nicht gestört werden. Verständlich, denn tatsächlich fordert unser anspruchsvolles tägliches Berufs- und Privatleben fast alle unsere Kräfte und fast all unsere Zeit. Kinder können, ja müssen in einem solchen Leben sehr störend wirken. Ein Kind mit seinen Entwicklungskrisen, seiner Widerborstig- oder Bockigkeit, seiner Vitalität, seinem Geschrei, seinen ewigen Bedürfnissen und Fragen, seiner Unordentlichkeit, seinem gefährlichen Leichtsinn, seiner ermüdenden Aktivität oder seiner rasend machenden Faulheit, Langsamkeit und seinem Beharrungsvermögen kann auch den Stärksten gelegentlich aus der Fassung bringen. Vor allem, wenn so ein Vater oder so eine Mutter darauf überhaupt nicht vorbereitet waren. Elternsein ist zwar die beste Schule, auf schwierige, völlig unerwartete Situationen kompetent und mit Selbstvertrauen zu reagieren, nur kommt sie meist zu spät. Dann sind wir frustriert, enttäuscht und am Ende unserer Nerven. Wir werden schon mit den Anforderungen in unserem Leben kaum fertig, haben vielleicht auch nicht alle Eigenschaften, die wir uns wünschen würden. Und nun ist vielleicht das Kind auch noch eins der so genannten »schwierigen«, bei denen guter Rat teuer ist. Vielleicht müssen wir dann einen Therapeuten zurate ziehen oder dem Kind Medikamente geben, damit es wieder gesellschaftlich akzeptabel funktioniert.

Verstärken wir also unsere Bemühungen, es, wie von jeher üblich, zu einem braven, gehorsamen Kind zu erziehen, egal, was es damit später wirklich anfangen kann! Dabei sind auch die ältesten Erziehungsmittel recht. Sie haben heute bei vielen wieder einen hohen Kurswert: Das Defizitmodell ist schnell bei der Hand.

Als Viertes behindert Eltern häufig ihre eigene *Unsicherheit*. Verständlicherweise sind von ihr besonders diejenigen befallen, die gerade ihr erstes Kind bekommen haben. Tausend Fragen quälen sie. Machen sie alles richtig? Vor welchen Gefahren müssen sie das Baby schützen? Müssen sie ein schlechtes Gewissen haben, wenn sie schon nach einigen Wochen gezwungen sind, wieder zu arbeiten? Wird es ihrem Kind schaden? Was könnte seiner Gesundheit schaden? Warum schreit es? Ernähren sie es richtig? Warum ist es so zappelig oder passiv? Was kann es schon? Müsste es nicht schon wie der Nachbarjunge laufen und sprechen? Kommt es mit Spiel- bzw. Schulkameraden zurecht? Ihre Fragen sind durchaus sinnvoll. Und viele kommen mehr aus den nicht selbstgewählten Lebensumständen, mit denen sie samt ihrem

Baby fertig werden müssen. Die Unsicherheit jedoch, die ich hier meine, ist jedoch mehr der grundsätzliche Zweifel an ihren eigenen Elternkompetenzen.

Sie erführen mehr über ihr Kind, wenn sie stattdessen ihre Aufmerksamkeit auf das richteten, was ihm Vergnügen bereitet, was ihm leicht fällt, woran es besonders viel Spaß hat. Denn das könnte ihnen den Weg weisen, seine stärksten Qualitäten und Motivationen zu finden. Und es gäbe ihnen mehr Sicherheit, mit ihm umzugehen. Der Umgang mit einem »neuen« Baby ist für frisch gebackene Eltern ja noch ungewohnt. Am besten lernen sie ihn durch Aufmerksamkeit und Feinfühligkeit für seine Stärken.

Stattdessen sind sie so sehr mit ihrer Besorgtheit beschäftigt, dass sie ihr Ziel, das Selbstvertrauen, die Widerstandskraft und Flexibilität ihres Kindes zu stärken, vergessen. Sie handeln nach einem negativen, dem *Defizitmodell*.

Mag sein, dass ich ein bisschen übertreibe, vielleicht bleibe ich aber auch noch weit hinter der Realität. Eins will ich ganz deutlich hervorheben: Das wahre »Nichtfunktionieren« liegt meist nicht beim Kind oder seinen Eltern, sondern in einer Umwelt und ihren Anforderungen, denen nur wenige, meist Privilegierte, gewachsen sind.

Das Kind für das Unvorhersehbare rüsten

Bei den vier aufgeführten Punkten geht über all unseren Bemühungen das eigentliche Erziehungsziel ganz unbemerkt verloren. Wie bei dem Kind, das für die Mutter in der Nachbarschaft schnell ein Pfund Zucker einkaufen soll und auch will. Als es zurückkommt, hat es einen Lolli und Pokémonbildchen, die es gegen ein paar Gummibärchen eingetauscht hat, nur keinen Zucker. Unsere Vergesslichkeit auf dem Weg hat allerdings weitreichende Folgen: Später wundern wir uns vielleicht darüber, wenn dem Sohn bei der Ausbildung und der Tochter in der Schule der Mangel an Eigeninitiative angekreidet wird. Wenn man Selbstvertrauen bei ihnen vermisst, wenn sie in der Teamarbeit versagen, wenn sie mit veränderten Wertvorstellungen fertig werden müssen, wenn sie sich plötzlich in einer komplexen, undurchschaubaren Situation befinden, in der sie schnell und kompetent reagieren müssen. Wieder nur Defizite, die es auszugleichen gilt. Oder?

Waren wir nicht ständig, selbst müde oder abgehetzt, damit beschäftigt, das Kind rechtzeitig aus dem Bett zu kriegen, aus der Krippe oder von der Tagesmutter abzuholen, es rechtzeitig zum Einschlafen zu bringen, was es dann hartnäckig verweigert hat? War es nicht schon schwierig genug, für sein materielles Wohl zu sorgen, den Tagesablauf so zu regeln, dass wir abends gerade noch ein Stündchen Zeit hatten, um sie mit ihm zusammen zu verbringen? Ihm wirklich Aufmerksamkeit zu schenken, ihm zuzuhören, an seinem Leben Anteil zu nehmen, hatten wir dazu immer den Kopf frei? Was, wenn es auch noch ein »Schreikind«, ein bockiges oder übererregtes Kind (unter diesen Umständen oft ganz natürlich!) war?

Ich wiederhole: Es geht in Wahrheit um langfristigen Erfolg bei unseren Bemühungen. Was ist schon gewonnen, wenn Tochter oder Sohn heute *easy going*, einfach zu handhaben sind? Ich gebe zu, dass auch das eine gute Zukunftsprognose beinhalten kann. Aber sicher ist dann noch nicht, dass das Kind das Notwendige für seine Zukunft mitnehmen konnte. Diese Zukunft jedoch sah schon vor hundert Jahren anders aus, als Eltern sie sich vorstellten. Heute trifft das noch viel mehr und in geradezu alarmierender Weise zu. Denn unsere Welt ist in einem atemberaubenden Wandel.

Eins ist merkwürdig. Wenn Eltern klagen, sie kämen mit ihren Kindern nicht zurecht, dann kennen sie meistens nur eine Abhilfe: Sie verdoppeln ihre Anstrengungen in der gleichen – fruchtlosen – Richtung. Verstärkt setzen sie genau die Erziehungsmittel ein, die bisher versagt haben. Bekannte und Freunde unterstützen sie vielleicht noch darin. Muss das Kind eben strenger herangenommen werden, als man es bisher schon getan hat, muss es noch mehr in den Fächern arbeiten, in denen es schwach ist, muss es noch ruhiger gehalten (oder medikamentös »ruhig gestellt«) werden, wenn es sich nicht konzentrieren kann, kurz, müssen wir noch härter durchgreifen. So krass drücken es die meisten nicht aus. Aber es läuft immer wieder darauf hinaus, etwas unentwegt verstärkt zu wiederholen, was keinen Erfolg zeigt.

Auf keinem anderen Lebensgebiet, in keiner anderen Sache würden wir so handeln. Wenn unser Wagen nicht anspringt, würden wir nicht stundenlang versuchen, ihn zu starten, sondern schnell zu anderen Maßnahmen übergehen. Wenn wir beim Schwimmen zu schnell ermüden, würden wir vielleicht statt Brustschwimmen Rückenschwimmen ausprobieren. Wenn wir jemanden nicht mit einer Theorie überzeugen können, würden wir vielleicht praktische Beispiele ins Feld führen oder das Problem mit ihm konkret durchspielen. Wenn in einer Beziehung Worte nicht mehr ankommen, wird vielleicht eine liebevolle Geste, Körpersprache, kurz, die Sprache der Gefühle verstanden. Gefühle sind Basis und wichtige Ressource jeder Kommunikation – ganz besonders mit Kindern. Vielleicht würden wir uns auch sagen, dass es doch gar nicht so wichtig ist, den anderen zu überzeugen.

Das heißt, in allen Gebieten, nur nicht in der Erziehung würden wir schnell unser Verhalten ändern und uns nicht lange bei immer wieder fehlschlagenden Versuchen aufhalten. Wenn ein Nagel beim Draufschlagen krumm wird, schlagen wir doch nicht noch stärker zu! Warum beherzigen wir nicht ähnlich flexibles Verhalten mit unseren Kindern? Irgendwo las ich den Satz: »Wenn du möchtest, dass sich die Dinge ändern, dann ist die Anwort vielleicht, dass du dich selbst änderst.« (»If you want things to be different, perhaps the answer is to become different yourself.« – Norman Vincent Peale)

Vielleicht ist dies wirklich das Geheimnis. Die meisten Eltern denken, ihr Kind müsse sich ändern (bzw. geändert werden), damit bestehende Schwierigkeiten verschwinden. Diejenigen aber, die verstehen, dass sie ihr eigenes Verhalten jedem Kind gegenüber, seinem angeborenen Temperament und Wesen entsprechend, neu anpassen müssen, verfügen über das Geheimnis. Wir können davon schon vom ersten Lebenstag unseres Kindes an Gebrauch machen. Wir wollen ihm doch den besten Start im Leben ermöglichen. In den kommenden Jahren wird es mit vielem ganz allein fertig werden müssen. Fragen wir uns, was es dazu am meisten braucht.

Ich will im weiteren Verlauf versuchen zu zeigen, wie wir diesen guten Start im Leben ermöglichen können und diese Möglichkeiten mit konkreten Vorschlägen und Anregungen allen verfügbar machen. Ich werde dabei auch berücksichtigen, dass es Kinder gibt, die wir aus vielen Gründen als »schwierig« bezeichnen können. Beispielsweise hochempfindliche, unkonzentrierte, überaktiv-aggressive, trotzige, negativ reagierende und in sich zurückgezogene Kinder.

Es geht darum, gemeinsam mit unserem Kind Schätze aufzuspüren. Unser Kompass dabei soll nicht Ehrgeiz sein, sondern Respekt und Liebe.

Fassen wir zusammen, was wir uns besonders einprägen wollen, um nie unser Ziel aus den Augen zu verlieren.

Wir können *allen* Kindern zu einem guten Start im Leben helfen, wenn

- wir aufhören, Menschen als die Summe ihrer Effizienz zu sehen.
- wir nicht mehr die Mängel und Defizite eines Kindes suchen und korrigieren, sondern seine Stärken wie Schätze ausgraben.
- das Vertrauen in die Stärken eines Kindes unser Kompass in der Erziehung wird.

Unbesiegbar und immer überlegen

- sind Kinder (und Erwachsene), die für unerwartete Aufgaben und Lebenssituationen gerüstet sind.
- sind Menschen, die das Glück hatten, nach dem Stärke- und Vertrauensmodell aufzuwachsen.
- sind Kinder, die von ihrer eigenen Motivation getrieben werden.
- sind Kinder, deren größte Belohnung die Freude über das eigene Gelingen ist.
- ist, wer von Anfang an Stärke und Selbstvertrauen auf einer sicheren Basis von Geborgenheit und Vertrauen aufbauen konnte.

Eltern sollten

- ihr Erziehungsziel, einem Kind zu Stärke und Selbstvertrauen zu verhelfen, nicht aus den Augen verlieren.
- sich nicht in Fallen locken lassen, das heißt:
- nicht in eine Zeit- und Unaufmerksamkeitsfalle geraten, sondern ihr Kind vom ersten Lebenstag an gut kennen lernen,
- sich nicht gedankenlos von überkommenen Erziehungsvorstellungen leiten und
- sich nicht von ihrer eigenen Unsicherheit beirren lassen.

Eltern wollen

- ihr Kind nicht nur für heute erziehen.
- dass ihr Kind morgen selbstständig und stark das Leben bewältigt.

Die Welt von morgen können wir heute nicht vorhersehen. Unsere Kinder müssen darum anders gerüstet sein, als wir es waren.

Was ist *Resilienz* – flexible Widerstandsfähigkeit?

Widerstandsfähige Kinder in einer sich wandelnden Welt

Halten wir hier einmal inne und fassen zusammen, was Kinder charakterisiert, die wir widerstandsfähig in einer sich wandelnden Welt, »resilient«, nennen. Wir könnten sie auch »unbesiegbar«, trotz aller Verletzlichkeit, Schwächen und Schwierigkeiten, nennen. Zwei amerikanische Universitätspsychologen haben aus ihrer jahrelangen Erfahrung mit Kindern und ihren Familien das Besondere zusammengetragen, das sie von anderen unterscheidet:[4]

- Sie weisen gegenüber schwierigen, unerwarteten und vielleicht auch frustrierenden Herausforderungen und Stresssituationen eine Stärke und ein Zutrauen auf, das wir bei denen, die in solchen Situationen versagen, nicht vorfinden.
- Ihre Erwartungen an sich und die Welt sind positiv. Das heißt, sie haben ein hohes Selbstwertgefühl, Selbstvertrauen und Vertrauen in andere. Sie konnten so werden, weil sie sich akzeptiert, gemocht (geliebt) und besonders fühlen.

- Diese Kinder haben gelernt, sich realistische Ziele und Aufgaben zu setzen und realistische Erwartungen an sich selbst zu stellen.
- Sie entwickeln die Fähigkeit, Probleme zu lösen und Entscheidungen zu treffen. Mit diesen Kompetenzen ausgestattet, erleben sie Schwierigkeiten, eigene Fehler und Enttäuschungen nicht so sehr als Niederlagen, sondern eher als Herausforderungen. Sie stellen sich ihnen lieber, als dass sie ihnen aus dem Weg gehen.
- Sie sind sich ihrer Schwächen und Verletzlichkeiten bewusst, aber sie kennen ebenso ihre Stärken und Talente. Ihr Selbstbild spiegelt ihre Kompetenzen wider.
- Sie kommen gut mit anderen zurecht, mit Gleichaltrigen ebenso wie mit Erwachsenen. Sie sind kooperativ. Und sie sind in der Lage, Hilfe und Unterstützung zu suchen und anzunehmen.
- Nach und nach erringen sie noch eine andere wichtige Eigenschaft: Sie konzentrieren ihre Energie auf das, was sie für sich und ihren Weg als wesentlich erkannt haben, und verschwenden ihre Aufmerksamkeit nicht an Dinge und Aspekte, auf die sie keinen Einfluss haben.

Wie einfallsreich und flexibel Kinder sind, die in diese Kategorie gehören, soll eine kleine, ganz zufällig erlebte Geschichte erläutern: In Berlin fuhr eine junge Frau nach einem Harry-Potter-Kinobesuch mit ihrem achtjährigen Neffen mit dem Bus nach Hause. Viele Sitzplätze waren leer. An irgendeiner der nächsten Stationen stieg eine Gruppe von Jugendlichen ein, Deutsche und Türken, die sich lautstark herumpöbelnd bemerkbar machten. Der größte von ihnen, offenbar der Anführer, etwa achtzehn, neunzehn Jahre alt, quetschte sich mit den Worten »Mach Platz, Alte!« dicht an die junge Frau. Der Achtjährige verkroch sich ängstlich hinter seiner Tante. Diese guckte aus dem Fenster und dachte gar nicht daran, zur Seite zu rutschen. Angefeuert von seinen Kumpeln, suchte der Junge ein anderes Opfer, eine Reihe weiter vorn, wo ein etwa fünfzehnjähriges Mädchen allein auf der Bank saß. Ähnlich angepöbelt wie vorher die Frau, reagierte sie nicht. Unter dem Gegröle der anderen brachte der Junge etwas heraus, was wohl als »Anmache« verstanden werden sollte, ein paar anzügliche Bemerkungen, um die Kumpel zu erheitern, und die Frage: »He, wie heißt'n du?« Die Frau hinter ihr dachte, das Mädchen würde sicher gleich aufstehen. »Warum macht denn der Fahrer nichts?«, fragte verschüchtert der kleine Junge.

Das Mädchen verhielt sich jedoch nicht wie erwartet. Sie wandte dem Rüpel ihr Gesicht zu, ein schönes Gesicht, und sagte gelassen: »Rate mal!« Die Wirkung war verblüffend. »Nee!« Das könnte er nicht. »Versuch's doch mal«, ermunterte ihn das Mädchen freundlich. Die Kumpel riefen ein paar Namen: »Petra, Katja, Laura ...« Das Mädchen schüttelte jedes Mal den Kopf. »Nu sag doch mal!«, drängelte ihr Sitznachbar, schon gar nicht mehr pöbelig. Sie: »Gut, ich sag euch den ersten Buchstaben.« Es war ein A. Wieder ging das Raten los: »Anna, Anita, Angela, Alice.« Kopfschütteln. Nachdem sie sich abgemüht hatten, lächelte sie ihr zurückhaltendes Lächeln und, als gewähre sie ihnen eine besondere Vergünstigung, sagte sie: »Na gut, dann eben noch den zweiten Buchstaben.«

Das Raten wurde mit noch mehr Intensität betrieben, ohne zum Erfolg zu führen. Als sie sich erweichen ließ, noch weitere Buchstaben preiszugeben, schienen die inzwischen in völlig normale Jugendliche Verwandelten an der unlösbaren Aufgabe zu verzweifeln. Sie waren jetzt fast richtig »nett« und bettelten: »Bitte!«

Schließlich, begleitet von ihrem nur andeutungsweise, aber gut erkennbaren Lächeln, gab sie den Namen preis wie ein Geschenk: »Antonia.«

Ich fand, der Name passte genau, wie zu einer Königin. Denn so wirkte dieses fünfzehnjährige, eher zarte Mädchen gegenüber den viel Älteren, die durch ihre kräftige körperliche Präsenz beeindruckten. Ihr unbezwingbares Selbstvertrauen, ihre gelassene, freundliche Ruhe, ihre geschickte soziale Kompetenz, mit der sie die Aufmerksamkeit der ganzen Gruppe mobilisierte, hatten aus diesen Wilden zahme Lämmer gemacht. Die Unbesiegbarkeit dieses Mädchens war faszinierend.

Das Spiel war in dem Moment zu Ende, als alle aussteigen mussten. Ich denke, die Jungen konnten von diesem Erlebnis sogar etwas mit nach Hause nehmen. Es hatte sich gezeigt, dass sie gar nicht einschüchternd und Furcht erregend auftreten mussten, um einfach als Personen respektiert zu werden.

So unbesiegbar war weder Antonia noch ist es irgendein Kind bei der Geburt. Es trägt zwar die Möglichkeiten dazu, tief ruhenden Schätzen gleich, in sich, jedes Kind in einer anderen Weise. Aber es braucht liebevolle Menschen, die sie gemeinsam mit ihm ausgraben, ans Tageslicht fördern, nutzbar machen und pflegen. Eltern oder andere Bezugspersonen, die das können, haben ähnlich wie die Kinder besondere Eigenschaften.

Eins möchte ich ganz unmissverständlich klarstellen: Kinder, die ich hier symbolisch als unbesiegbar, als widerstandsfähig und kompetent darstelle, sind nicht die besonders Begabten, Hübschen, Starken, Gesunden, Mutigen und Fröhlichen. Es könnten alle Kinder sein, wenn ihre Wurzeln in dem richtigen Boden gedeihen dürften.

Wodurch zeichnen sich die Eltern solcher Kinder aus?

Eltern, die fähig sind, unbesiegbare, resiliente Kinder aufzuziehen, fallen nicht vom Himmel. Wenn ihr Kind auf die Welt kommt, werden sie zwar als Eltern »geboren«, das heißt, sie bekommen von der Natur eine Art biologischer Grundausstattung mit, die es ihnen ermöglicht, auf alle lebenswichtigen Bedürfnisse ihres Kindes spontan und intuitiv angemessen zu antworten. Dies ist sozusagen ihr Basiskapital. Weil es dem ihrer Babys entspricht, können sie gemeinsam darauf aufbauen. Das geschieht nicht immer bewusst. Vieles entwickelt sich scheinbar von selbst aus dem Gefühl der Liebe, aus Aufmerksamkeit und dem gemeinsamen Vergnügen.

Manche nehmen diese Grundfähigkeiten nicht weiter ernst und lassen sie verkümmern und verkommen, weil sie glauben, sie haben in dieser Zeit Wichtigeres zu tun und anzustreben.

Manche denken, wenn das Kind erst mal größer und vernünftiger wäre, sei noch Zeit. Viele, vor allem Männer, denken, mit einem Baby und Kleinkind könne man ohnehin noch nichts Richtiges anfangen. Das entspricht nicht nur ihrer eigenen mangelhaften Lebenserfahrung, sondern spiegelt sich leider auch im »Stellenwert« eines Babys in unserer Gesellschaft wider. Kinder rücken eigentlich erst richtig ins öffentliche Bewusstsein und in die öffentliche Verantwortung, wenn sie zur Schule kommen. Darum wird auch alles das, was vorher von liebevollen Eltern an oft aufopfernder »Arbeit« und Kraft für ein Kind aufgebracht wird, nicht angemessen respektiert und geschätzt. Man begnügt sich darauf hinzuweisen, was alles die Schule gar nicht leisten könne und was längst vorher hätte geschehen müssen, damit Kinder von ihr überhaupt profitieren können.

Manchen Eltern ist daher kaum zu verübeln, wenn sie nicht begreifen, wie unersetzlich die ersten Stunden, Tage und Monate sind, um eine befriedigende Entwicklung ihres Kindes zu ermöglichen. Später wird vielleicht gar nichts so gehen, wie sie es sich wünschen, und sie werden an der angeblichen »Schwierigkeit« (dem Verhalten) ihres Kindes womöglich verzweifeln, weil sie versäumt haben, das zu ermöglichen, wovon das Gelingen ihrer weiteren Förderung und Erziehung des Kindes abhängt: eine gute Beziehung miteinander aufzubauen und zwar vom ersten Tag an, wie ich es bereits dargelegt habe. Es können durchaus »gute Eltern« mit den besten Absichten sein. Sie haben nur vielleicht den Wert der früh ablaufenden Gefühlsprozesse, ihrer eigenen und denen des Babys, nicht erkannt. Sie hätten vielleicht spontan oder intuitiv in der Sprache des Gefühls, die unbeschreiblich ist, die erste Beziehung, ihren gemeinsamen Garten, mit ihrem Kind angelegt und gepflegt. Aber aufgrund ihrer eigenen Erziehung oder ihres sozialen Umfelds haben sie sich das nicht gestattet und geglaubt, vor allem rational handeln und sein und kommunizieren (zum Beispiel sprechen) zu müssen.

Aber auch diejenigen, die die Bedeutung der frühen Entwicklung ihres Kindes von Anfang an begreifen und sich dementsprechend verhalten, sind damit nicht ein für alle Mal »gute Eltern«. Die liebevolle, fördernde Beziehung zu und mit einem Kind ist ein immer währender Prozess. Einmal Erworbenes muss stets aufs Neue erarbeitet und ergänzt werden. Das ist Arbeit. Dabei erleben sie Enttäuschungen, Frustrationen und gelegentlich sogar Rückschläge. Und viele sind enttäuscht darüber, dass es keine für immer und alle zukünftigen Einzelsituationen gültigen Richtlinien gibt. Unentwegt suchen sie nach ihnen in Elternzeitschriften und Erziehungsratgebern. Diese können jedoch höchstens Beispiele geben und damit zum eigenen kreativen Fühlen, Denken und Handeln anregen.

Immerhin brauchen Eltern, die sich angesichts ihrer Aufgabe hilflos fühlen, nicht zu verzweifeln. Denn es gibt schon einige Wegweiser, die es uns erleichtern, den besonderen Weg eines jeden Kindes zu finden. Jeder Weg eines Kindes ist von sehr unterschiedlichen Faktoren geprägt, wie seinem angeborenen Temperament, der Kultur, ebenso wie der Gesellschaft und besonders der Familie und ihrer Werte, in der es aufwächst.

Solche Wegweiser können uns Hilfen geben, die für alle Lebenswege und Kinder anwendbar sind. Wenn Eltern sie beherzigen und ihre Bedeutung erkannt haben, werden sie fast immer wissen, wie sie sich entscheiden und wie sie handeln müssen. In den folgenden Kapiteln werde ich sie genauer schildern. Vielen mögen sie völlig einleuchtend und fast selbstverständlich erscheinen. Denken wir daran, dass bei einem Künstler gerade die Höchstleistung, das Außerordentliche uns als etwas ganz Einfaches erscheint, fast so einfach wie ein Kinderspiel. Trotzdem steht harte Arbeit dahinter. Darum müssen auch die Eltern sich diese Grundsätze immer wieder erarbeiten, damit sie in jeder unerwarteten Situation unserer sich täglich wandelnden Welt wieder helfen, ein widerstandsfähiges, ja unbesiegbares Kind aufzuziehen. Natürlich folgen alle Eltern dabei ihrem eigenen, ganz persönlichen Stil.

Diese Grundsätze können uns als Wegweiser dienen:

- Sein Kind gründlich kennen lernen und zwar immer aufs Neue
- Mitgefühl für es haben, was heißt, nicht nur Bindung, sondern auch eine echte Beziehung zu ermöglichen
- Die Kommunikation in Gefühlen und Gedanken intensiv zu pflegen – mit allen zur Verfügung stehenden Mitteln wie Blicken, Körpersprache, Laut- und verbaler Sprache

- Ein Kind so akzeptieren, wie es ist, und ihm helfen, seine Erwartungen in realistischen Aufgaben und Zielen zu verwirklichen
- Die individuellen Ressourcen (Schätze) eines Kindes entdecken und es darin unterstützen, sodass es lernen kann, sich besonders und wertvoll zu fühlen
- Die sozialen Kompetenzen des Kindes entwickeln helfen, also Verantwortungsbewusstsein und Mitgefühl, indem wir ihm Gelegenheit geben, sie auszuprobieren
- Den Kindern durch das eigene Verhalten zeigen, wie man Probleme lösen und gute Entscheidungen treffen kann und welche Selbstdisziplin man dazu braucht
- Den Kindern helfen, Verantwortung zu übernehmen
- Ihnen zeigen, dass Fehler nützliche Erfahrungen sein können und wir aus ihnen lernen können

Alle diese Wegweiser führen, wenn Eltern ihnen folgen, in eine bestimmte Richtung: Sie helfen dem Kind sein Selbstwertgefühl zu entwickeln. Nur mit einem realistischen, auf handfeste Erfahrungen gegründeten Selbstwertgefühl (keiner Selbstidealisierung!) kann ein Kind sich in allen Lebenssituationen bewähren und unbesiegbar werden.

Einander kennen lernen

Die wichtigsten Voraussetzungen für Eltern und Babys

Ich habe mich gefragt, was wohl am Anfang wichtiger ist: das richtige Gefühl, ich meine damit Mit-Gefühl, seinem Baby entgegenzubringen oder es erst einmal kennen zu lernen. Für Kennenlernen, richtiges Kennenlernen braucht man Empathie, aber um Empathie empfinden zu können, muss man den anderen auch kennen lernen. Wie sollen wir uns sonst an seine Stelle versetzen?

Das Fazit: Keines von beiden hat den Vorrang. Beides geschieht gleichzeitig und ist in einem stetigen Prozess eng miteinander verwoben. Und bei beidem helfen Intuition und Feingefühl.

Jedes Kind ist wie alle anderen, nämlich wie kein anderes. Es ist einzigartig.

Das sollten wir nie vergessen. Es hört sich an wie ein Widerspruch. Ist aber keiner, denn was alle miteinander verbindet, was alle Menschen und jedes Baby gemeinsam haben, ist ihre absolute Einzigartigkeit. Eine völlig neue Mischung aus Genen und Erfahrungen. Das sind so viele Chancen, wie es

Menschen gibt. Wir möchten sie alle nutzen, unser Kind sie nutzen lassen.

Wenn ein Kind auf die Welt kommt, finden sich Mutter und Kind, Kind und Vater jeweils ganz unbekannten Wesen gegenüber. Das Erste, was diese drei Menschen miteinander tun, ist, sich gegenseitig zu erkunden. Sie beginnen mit den ersten Blicken, die sie tief ineinander senken, mit dem ersten Betasten, mit dem ersten Beschnuppern sich kennen zu lernen. Im vorigen Kapitel habe ich es beschrieben, und ich habe wieder und wieder in Büchern versucht, diese kaum erklärbare Choreographie zweier, dreier Tanzpartner darzustellen.[5] Sie ist eine bei Geburt des Kindes und in den folgenden Wochen einmalige, unwiderbringliche Chance. Es gilt sie zu nutzen. Denn jetzt gibt es noch keine Missverständnisse, weil alles für beide Partner neu ist. Da ist noch wenig Raum für Enttäuschung.

Und jetzt, ganz am Anfang, bilden sich schneller und reichlicher als je danach die wichtigsten Hirnstrukturen des Babys. Bei Hirnstrukturen denken wir meist zuerst an Intelligenz. In Wahrheit bereitet sich mit dieser Vernetzung etwas viel Umfassenderes vor: die Persönlichkeit eines Menschen, dieses Kindes. Die ersten körperlichen Empfindungen, das erste Fühlen, schon im Mutterleib erlebt, wird jetzt schon durch »Gefühlserkennen«, durch kognitive Emotion, zu richtigen Gefühlen geordnet. Alles zusammengenommen bildet den Verstand und die Fähigkeit, mit anderen Menschen sinnvoll und angemessen umzugehen, sich in schwierigen Situationen durch Kompetenz zu bewähren. Kurz, es ist, als ob wir einem Künstler zusehen, der vor unseren Augen nach und nach nicht nur die Umrisse eines Gesichts, sondern ein richtiges Profil der dahinter verborgenen Persönlichkeit entstehen lässt. Denken wir daran, dass »Entstehen« ein Prozess ist, der dauert.

Enter the Zone!

Um unser Kind und seine werdende Persönlichkeit gut kennen zu lernen, müssen wir in diesen Prozess miteinsteigen. Es hat nichts mit Science Fiction zu tun, aber es erinnert an die dort gebräuchliche Aufforderung: »Enter the Zone!« (Tritt ein in ein unbekanntes Gebiet). Je besser und tiefer sich die Eltern auf dieses Gebiet einlassen, desto mehr werden sie zum Mitgestalter der Person, die da beginnt sich herauszubilden.

Ebenso entsteht schon von Anfang an zwischen dem Baby und seiner ersten für es sorgenden Person, seiner »Bezugsperson«, etwas unendlich Kostbares, das wie ein gemeinsamer Garten ist, den sie zusammen anlegen und pflegen und in dem sie Blumen und auch stachlige Disteln pflanzen, in dem ihre Gefühle in wundersamen Blüten und manchmal auch schnell welkenden Blättern hervorsprießen.

Um eine Beobachtung des erfahrenen englischen Kinderarztes und -analytikers Donald Winnicott aufzugreifen, es ist wie etwas Neues oder wie ein Dritter, das oder der, nur durch sie beide hervorgebracht, sich unentwegt entwickelt und entfaltet: Das ist ihre Verbundenheit im Aufeinanderangewiesensein, sich gegenseitig ergänzend und zu ganz Besonderem gegenseitig befähigend. Wir nennen das »Bindung«, weil es Eltern und Kind wie mit einem Band verknüpft. Eigentlich müsste man sagen, wie mit tausend unsichtbaren Fäden und Fasern. Bindung, Beziehung, kann man nicht sehen, man kann sie höchstens erkennen an den reichhaltigen gedeihenden Blüten oder den traurig verdorrenden farblosen Blättern.

Für das Neugeborene und Baby ist sie existenziell, denn ohne sie kann es nicht am Leben bleiben. Und sie ist für das Kind der Boden, auf dem alle seine späteren Kompetenzen, seine Fähigkeiten, seine Art, mit Menschen und Aufgaben umzugehen, seine Gefühle und sein Verstehen der Welt wachsen.

Ist dieser gemeinsame Garten fruchtbar und ist er ein schützender Ort, in dem beide Partner sicher und geborgen sind, in dem sich das Kind in jeder Freude, bei jedem Erfolg, aber auch bei jedem Kummer und Schmerz aufgehoben fühlt, dann ist er eine gute, feste und nährende Basis für sein weiteres Leben. Ist er ein unsicherer, schwankender, sumpfiger und manchmal verdorrender Boden, dann bietet er keine oder nur eine unzulängliche Basis für das Gedeihen seiner späteren Kompetenzen. »Kinder brauchen Wurzeln«, nennen der Neurobiologe und Hirnforscher Gerald Hüther und der Pädagoge Karl Gebauer ein Buch zu diesem Thema. In Beiträgen namhafter Wissenschaftler haben sie zusammengetragen, wie so ein familiärer und gesellschaftlicher Boden beschaffen sein muss, damit die Wurzeln eines Kindes in ihm Halt und Nahrung finden.[6]

Der lange Weg des Kennenlernens

Die beiden Partner, die diesen Garten, ihre Bindung, aus der immer mehr eine Beziehung wird, anlegen, haben viel »Arbeit« miteinander zu erledigen. Denn da sie etwas Lebendiges heranziehen, ist ihre Arbeit ein stetiger Prozess, der nicht unterbrochen wird.

Eltern und Kind haben also einen langen gemeinsamen Weg vor sich. Vieles zwischen ihnen wird davon abhängen, wie gut sie den Weggefährten von Anfang an kennen lernen. Von Anfang an heißt wie gesagt nicht, ein für alle Mal. Zwar ist das erste Kennenlernen ein wichtiger Beginn für die Zukunft. Aber während der Entwicklung ihres Kindes können und müssen Eltern es immer wieder neu und anders kennen lernen. Ausschlaggebend wird dabei sein, wie bereit sie dafür sind, wie viel Zeit und Geduld und wirkliches Interesse und Anteilnahme sie dabei aufbringen.

Werden sie sich mit ihm verstehen, gut miteinander auskommen, können sie sich gegenseitig in schwierigen Situationen ermutigen, Kraft geben?

Ich spreche mit Absicht wie von zwei gleichwertigen Partnern, die aufeinander zählen können. Denn nicht nur die Eltern fördern, stärken und helfen dem Kind. Das Kind tut umgekehrt das Gleiche. Es versucht alles, um seiner Mutter und seinem Vater zu helfen. Es hilft ihnen tatsächlich, genau die richtigen guten Eltern für es zu sein. Es erkundet sie aufs Sorgsamste und mit seiner ganzen ihm verfügbaren Aufmerksamkeit. Beobachten Sie es einmal dabei. Zum Beispiel beim Stillen und danach. Es verfolgt mit seinen Augen und seinem ganzen Körpergespür Ihre feinsten Reaktionen. Es muss lernen, diese zu begreifen. Das lernt es, weil es Ihre typischen Verhaltensweisen nach und nach wiedererkennt. Wiederholen sie sich in ähnlicher Weise in übereinstimmenden Situationen? Wenn ja, dann kann es sie umso besser und schneller verstehen. Dann fühlt es sich dabei immer sicherer. Oder sind sie jedes Mal anders, unvorhersehbar? Dann begreift es nichts. Als Antwort verstärkt es seine Signale, es schreit zum Beispiel lauter, oder – wie schade – es stellt sie entmutigt ein, verstummt. Es merkt, dass sie zwecklos sind. Natürlich wird es dann auch für die Mutter (den Vater) schwieriger, das Baby zu begreifen.

Kennenlernen hat noch einen Wert, an den wir nicht gleich denken. Wenn ein Mensch geboren wird, sind Kind und Eltern dabei, Unschätzbares für die Zukunft zu lernen. Einige Entwicklungspsychologen haben betont, dass beide Seiten dabei ein unübertreffliches Team bilden, ein unschlagbar didaktisches Team. Das Lernen funktioniert zwischen ihnen viel müheloser, fröhlicher, begeisterter und erfolgreicher als jemals später. Das gilt jedenfalls für das Kind. Nie im Leben wird es so viel, so viel völlig Unterschiedliches und Umfassendes lernen wie in den ersten Monaten und Jahren. Das hat seinen Grund nicht nur im Wunder der Hirnreifung. Es liegt auch daran, dass sich in dieser Zeit eine einzigartige Chance bietet, dass der Lehrende und der Lernende so genau und fein abgestimmt aufeinander eingehen, sich kennen lernen können, wie es weder in der Schule noch in der besten Universität jemals möglich sein wird. Kein Lehrer, und sei er noch so gut, kann dreißig Schüler so genau kennen lernen, auf ihre diskretesten Signale eingehen, ihre gerade erst erwachenden Fähigkeiten erkennen. Darum sollten alle Eltern erfahren, welche Chance sie da ergreifen können. Sie kommt in dieser Weise nie wieder.

Und auch etwas anderes kommt in dieser Weise nur in Ausnahmesituationen jemals wieder, nämlich dass der Lernende gleichzeitig Lehrer ist. Dieser nach beiden Seiten wirkende Prozess ist außerordentlich motivierend für das Kind. Stellen wir uns eine Schule vor, in der Schüler nicht nur die Nehmenden, sondern auch die Gebenden sind. Schließlich geht es beim Lernen doch nicht nur um die Vermittlung von Wissen. Denken lernen, selbstständig mit Gedanken, Informationen und Hilfsmitteln umzugehen, das ist doch das Ziel. Wie viel würden die Lehrer über die Kinder erfahren und wie sehr würde es die Schüler anspornen, wenn sie das dürften. Nur, wie gesagt, die heutige Schulsituation erlaubt das nicht. Eltern dagegen können sich diesen Luxus leisten.

Schon das erste Kennenlernen heißt, Schätze aufzuspüren. Das Baby bringt bereits eine Vielzahl von Ressourcen mit auf die Welt. So nennen wir die Schätze heute häufig. In dem Wort Ressource ist *Source*, französisch für »Quelle«, enthalten. Sie wollen wir zum Sprudeln bringen.

Was man dafür braucht, sind nicht nur Geduld, Liebe und Feinfühligkeit. Diese drei Qualitäten können sich nur entfalten, wenn wir ihnen Zeit dafür geben. Für Kennenlernen gibt es kein Schnellverfahren.

Was wir im Gedächtnis behalten wollen:

Das gegenseitige Kennenlernen

- beginnt mit dem ersten Schrei und dem ersten Blick,
- vollzieht sich am Anfang im Austausch von Gefühlen,
- entsteht nach und nach wie ein Garten, den Kind und Eltern gemeinsam anlegen,
- hilft schon zu Beginn, die Schätze im Kind aufzuspüren,
- ist eine Chance für die Zukunft, die Eltern unbedingt nutzen sollten,
- ist ein langer Weg durch die ganze Kindheit.

Beim Kennenlernen

- ist der Lernende zugleich Lehrer, Eltern und Kind sind eine perfekte didaktische Einheit,
- für das Kennenlernen eines Babys oder Kleinkinds gibt es kein Schnellverfahren. Wir müssen uns Zeit nehmen.

Empathie – Mitgefühl

Wie Eltern sich verlieben

Ein Kind wird geboren. Wie eine Blüte, die sich öffnet, scheint es sich, noch auf dem Leib der Mutter liegend, zu entfalten. In diesen unvergesslichen Momenten wird bei den Eltern ein starkes Gefühl geboren. Es ist anders als das, was sie vorher, während der Schwangerschaft empfunden haben. Es ist nicht nur intensiver, sondern es saugt sich sogleich mit allen Wahrnehmungen, die da auf sie einstürmen, voll. Sie fühlen, spüren körperlich, sehen, riechen, hören den kleinen Menschen, der da blinzelnd schon nach der Brust tastet. Dieses Kind ist jetzt sichtbar und anders fühlbar als vorher. Dadurch ist es viel mehr und anders Realität. Die Eltern müssen jetzt vielleicht einige Vorstellungen korrigieren. Jedoch wird dies den meisten gar nicht bewusst, so sehr sind sie von dem Erlebnis dieses neuen Lebens überwältigt.

Wir nennen das »Verlieben«. Es ist, wie die Franzosen sagen, ein echter *coup de foudre* – ein »Blitzeinschlag der Verliebtheit«; *falling in love* – »in Liebe fallen«, heißt es im Angelsächsischen. Viele Mütter »verfallen« jetzt regelrecht ihrem Baby. Nie könnten sie es wieder hergeben. Einige von denen, die ihr Kind zur Adoption freigeben wollten und sich nun sogleich anders entschließen, koste es, was es wolle, können darüber berichten. Andererseits: Auch Adoptiveltern verlieben sich so. Und meistens passiert es schon mit dem ersten Blick, den beide Partner ineinander senken. Der Mensch ist das einzige Säugetier, bei dem die Mutter sofort nach der Geburt Blickkontakt aufnimmt, also das erste Bindungssignal aufnimmt und gibt, erklärt der Psychobiologe Hanus Papousek.

Es ist also von Bedeutung, dass beim Menschen ein so starkes Gefühl von Anfang an da ist und übermittelt wird.

Verliebtheit ist noch nicht Liebe. Aber wie auch bei Erwachsenen ist es häufig der erste Schritt dazu. Vielleicht ist jedoch schon ein ganz starkes Mitgefühl da für dieses zarte Wesen, das gerade die Strapazen der Geburt hinter sich hat und sich in einer ungewohnten Welt zurechtfinden muss.

Ich erinnere mich, dass ich nach der Geburt meines zweiten Kindes ganz deutlich das Gefühl hatte, ich müsste es ermutigen. Warum, wusste ich nicht genau. Ich redete der Kleinen intuitiv tröstend zu, als könnte ich mit ihr empfinden, was es bedeuten mochte, den Schutz der warmen, weichen Höhle zu verlassen. Draußen musste sie ja im Vergleich die Kälte der Luft und die Rauheit von Stoffen auf dem Körper spüren. Sie musste diese kalte Luft plötzlich in ihre Lungen saugen, helles Licht ertragen, laute Geräusche und den Mangel an stetiger Nahrungszufuhr. Natürlich war das alles nicht bewusst in meinem Kopf. Meine Hand suchte in dem Bettchen neben mir nach ihr und streichelte den Leib und das Köpfchen. Ich weiß noch, dass ich sagte: »Es wird ja alles gut, Mama ist ja bei dir.« Nebenbei, ich glaube, dieses wiederkehrende »Ja« fügen Mütter in ihre begütigende Sprachmelodie ein, um den Rhythmus noch ermutigender zu gestalten. Und dieses »Ja« heißt auch: »Ich verstehe dich, fühle mit dir.«

Später bestätigte mir ein Arzt, ein Perinatologe, der viele Kinder unmittelbar nach der Geburt erlebt hatte, dass man vielen Babys die gerade durchgestandenen Strapazen durchaus ansieht. »Denen ist richtig schlecht«, sagte er mir.

Mitgefühl, Empathie, zu empfinden, fällt also Eltern ziemlich leicht. Es scheint zur psychobiologischen Grundausstattung zu gehören, die die Natur ihnen und auch dem Baby mit in die Wiege gelegt hat, damit das Überleben des Kindes gesichert ist.

Babys *müssen* sich an eine »Mutter« binden.

Kindliche Bindungsbedürfnisse

Auf der Seite der Neugeborenen ist es das Bedürfnis nach Bindung, das sofort da ist. Sie zeigen es durch mehrere ganz unverkennbare Verhaltensweisen: Weinen bzw. Schreien und Anklammern. Später beim Kleinkind kommt dazu, dass sie der Mutter nachfolgen. »Bindungsverhalten« nennen die Entwicklungspsychologen das. Die Kinder legen es an den Tag, wenn sie die Mutter brauchen, zum Beispiel wenn sie Hunger haben, frieren, nass liegen, Nähe suchen, Schmerzen haben, sich unwohl fühlen usw. All diese Bedürfnisse aktivieren das Bindungsverhalten bei einem Baby. Sind sie erfüllt, ist es also satt, trocken, warm, ohne Schmerzen, fühlt sich wohl und geliebt, dann verschwindet dieses Hilfe suchende Verhalten momentan. Das Kind braucht es dann vorübergehend nicht mehr. Das Bindungsverhalten ist also da, um die Mutter zu mobilisieren. Sie kann so nicht vergessen, dass das Kind sie braucht.

Die meisten Mütter erfüllen die Bindungsbedürfnisse dank ihres Mitgefühls gern und mit Befriedigung. Manche jedoch fühlen sich von diesen Bedürfnissen grundsätzlich überfordert und wären häufig froh, wenn sie das Baby nicht sehen, hören und spüren könnten. Mütter, die sich so verhalten, haben entweder in ihrem sozialen Leben oder ihrer körperlich-seelischen Gesundheit ernsthafte Schwierigkeiten und brauchen Hilfe – nicht zuletzt, damit ihrem Kind damit geholfen wird.

Eins ist nämlich unumgänglich: Ein Baby bindet sich an die Person, die regelmäßig für es sorgt, meist die Mutter. Und es kann sich gleichzeitig noch an ein oder zwei andere Personen binden. Das heißt, ein Kind bindet sich, ganz gleich, ob die Person, die für es sorgt, dies gut oder schlecht tut. An »Rabenmütter« binden sich Babys genauso wie an regelrechte »Glucken«. Darum sollte sich der Freundes- und Bekanntenkreis (sowie entsprechende soziale Institutionen) und vor allem der Partner einer jungen Mutter mitverantwortlich fühlen dafür, dass sie es auch leisten kann, dem Kind eine ausreichende Bindung zu bieten.

Die ist nur der Anfang, es ist, wie gesagt, eigentlich erst das noch von der Natur für die meisten höheren Säugetiere vorgesehene Überlebensprogramm, um dem Nachwuchs eine Chance zu geben.

Nun muss sich für den weiteren Weg des Kindes in der Familie noch etwas anderes daraus entwickeln: eine Beziehung.

Wir haben gezeigt, dass Mütter (Väter) zu mehr in der Lage sind, als das Bindungsverhalten ihres Babys zu erfüllen. Sie haben eben noch etwas anderes, Mitgefühl nämlich, das edelste unter allen Gefühlen, zu denen Menschen (und sogar einige Tiere) fähig sind. Es ist dank ihres hoch entwickelten Bewusstseins bei ihnen jedoch ganz besonders ausgebildet.

Fühlen, was der andere fühlt

Was ist das, Mitgefühl? Zunächst ganz einfach in die Haut eines anderen zu schlüpfen, sich an seine Stelle zu versetzen und darum mit ihm zu fühlen. So entsteht eine Beziehung.

Das Mitgefühl ist das A und O für Eltern, die widerstandsfähige Kinder auf die Welt vorbereiten wollen. Dieses Gefühl ist die Basis für alles. Denn aus der anfänglichen Bindung muss sich jetzt zwischen Eltern und Kind eine echte Beziehung entwickeln können. Damit sie gut wird, ist dieses Gefühl der Eltern unumgänglich. Beide Seiten können in diesem Boden die Wurzeln für ihre Liebe zueinander ausstrecken. Als Schema dargestellt, können wir es folgendermaßen verstehen:

Empathie	+	Bindung	→	gute Beziehung: Liebe
(Eltern)		(Kind + Eltern)		

Dass wir uns an die Stelle eines anderen versetzen, empfinden können, wie er empfindet, dass wir uns vorzustellen vermögen, was er wohl gerade besonders braucht, das ermöglicht uns die Entwicklung unseres Bewusstseins und all unserer Gefühle. Ein deutliches Bewusstsein (also Wissen und Erkennen) von sich selbst und auch von einem anderen zu haben, der nicht identisch mit uns ist, also anders erlebt, fühlt und andere Bedürfnisse, Gedanken und Wünsche hat, das ist etwas, das auch uns als Menschen nicht in den Schoß gelegt wird. Darum spreche ich von »Entwicklung«: Mitgefühl erwirbt ein Mensch vor allem innerhalb einer liebevollen Familie oder in der Obhut von Menschen, die so für ihn sorgen, dass er sich sicher und geborgen fühlt. Diese Personen sind in ihrem Verhalten untereinander, aber ganz besonders ihm gegenüber das Vorbild für ihn, unbewusst wird er sich ähnlich wie sie verhalten. Ist diese Voraussetzung nicht erfüllt, wird ein Kind zwar nicht einfach »gefühllos« sein, aber seine Gefühle und vor allem sein Mitgefühl wird merkwürdige Formen annehmen, sich in einer Weise ausdrücken, mit der andere nichts anfangen können.

Kurz skizziert, verläuft die Entwicklung von Empathie bei einem Kind verschiedener Altersstufen folgendermaßen:

Zuerst erlebt das Baby das, was andere fühlen, wahrscheinlich als eigenes Fühlen. Babys schreien, wenn andere schreien. Es bereitet ihnen Missbehagen. Sie stimmen sich sozusagen auf das Gefühl der anderen ab. Vielleicht haben sie auch Angst.

Mit einem Jahr beginnt das Kind sich einem anderen zuzuwenden, der Kummer oder Schmerz hat. Das verstehen wir nun schon als Mitgefühl oder Mitleid. Denn in diesem Alter hat das Kind bereits eine sehr differenzierte Wahrnehmung von sich und einem anderen als zwei eigenständigen Wesen. Trotzdem gerät aber das Mit-Fühlen noch stark mit dem eigenen Fühlen durcheinander. Wahrscheinlich auch noch mit Angst.

Mit zwei Jahren bekommt es immer mehr eine Vorstellung von sich selbst, denn es hat nun schon viele Erfahrungen gesammelt. Trotzdem begreift das Zweijährige Kummer oder Schmerz eines anderen Kindes immer noch stark an seine eigenen Empfindungen und Erfahrungen angelehnt. So tröstet es das andere in der Weise, wie es selbst gern getröstet werden will. Es holt zum Beispiel seine eigene Mutter oder sein eigenes Schmusetier, um dem anderen beizustehen.

Mit drei Jahren erreicht das Kind eine entscheidende neue Fähigkeit: Es passt sich in seinem Mitgefühl und Trösten schon viel mehr dem anderen an, schlüpft in seine Schuhe. Nun holt es, wenn ein anderes Kind Schmerz hat oder traurig ist, schon eher die Mutter oder das Lieblingsspielzeug dieses anderen Kindes als die (das) eigene.

Später, wenn seine Erfahrungen von sich und der Welt sich vervollständigen, kann es sogar schon begreifen, dass es selbst die Ursache für den Kummer, die Trauer oder den Schmerz eines anderen sein kann. Es ist sogar schon fähig, Schuldgefühle zu empfinden.

Dies zeigt deutlich, dass ein Kind zwischen drei und vier Jahren verstehen lernt, dass die Gefühle eines anderen nicht seine eigenen sind.

Empathie ist die Basis für Stärke und Vertrauen

Ich schildere das so ausführlich, weil junge Eltern sich wünschen, dass ihre Kinder zu mitfühlenden Menschen werden, und auch, weil sie natürlich selbst eine ähnliche Entwicklung erlebt haben. Wenn sie in einer ganz durchschnittlich guten Familie aufgewachsen sind, werden sie also ihr eigenes Mitgefühl so gut entwickelt haben, dass sie darauf in der Beziehung zu ihrem Kind aufbauen können, um dem Stärke- und Vertrauensmodell eine unerschütterliche Basis zu geben.

Sie können nun ja bereits viel mehr als trösten und mitleiden. Ihr Mitgefühl für das Kind erstreckt sich auf noch ganz andere Fähigkeiten. Sie können zum Beispiel recht gut verstehen, was ihr Kind ausdrücken will, auch wenn seine Fähigkeiten dazu noch nicht sehr ausgebildet sind. Sie können seine Ängste verstehen, vor einem Hund, einem Menschen, vor der Schule vielleicht, seine Versagensängste und seine Ängste, ihnen nicht zu gefallen. Sie verstehen, dass und warum es sich nicht von ihnen trennen will oder wie es das leichter schafft. Sie verstehen, dass es ernst genommen werden will (und muss), dass man es respektiert mit seinen Fragen, Bitten, seinen Geheimnissen und seinen Gefühlen. Zum Beispiel lachen sie es nicht aus, wenn es weint. Sie versuchen seine Fragen zu beantworten, auch wenn sie ihnen dumm oder lästig sind. Sie zeigen, dass sie seine Bitten, wenn auch häufig nicht erfüllen, so doch nachfühlen können. Sie schelten es nicht, weil es Geheimnisse hat. Sie erlauben ihm, seine Gefühle zu durchleben, auch die scheinbar negativen, und sie helfen ihm dabei. Sie versuchen nicht, seine innere Welt (seine Fantasien und Gedanken) zu kontrollieren und zu beherrschen. Diese Liste ließe sich noch lange fortsetzen.

Eins wird deutlich: Unser Mitgefühl erlaubt es dem Kind, selbst *Mitgefühl zu entwickeln*. Es fördert und ermöglicht die Kommunikation mit dem Kind. Mitgefühl heißt, dass man sich *gegenseitig akzeptiert*. Es erlaubt uns, das *Besondere* in einem Kind zu erkennen und aufzuspüren. Unser Mitgefühl hilft dem Kind, seine eigenen *Kompetenzen zu entdecken* und daran zu glauben. Es erleichtert es ihm, *Entscheidungen zu treffen*. Es ermöglicht es ihm, *Verantwortung zu übernehmen*. Und schließlich können Kinder mit unserem Mitgefühl sehr viel leichter *aus ihren eigenen Fehlern lernen*.

Der große Entwicklungspsychologe John Bowlby nannte diese Kompetenzen, die in einem Kind innerhalb einer sicheren und geborgenen Bindung zur Entfaltung kommen, das »Innere Arbeitsmodell« eines Menschen. Es ist das grundlegende Verhaltensmuster, das jedes besondere Individuum in ganz verschiedenen Lebensbereichen kennzeichnet. Ein ganzes Leben lang ermöglicht es uns – im guten Fall mit einigen positiven Weiterentwicklungen –, uns in den unterschiedlichsten Situationen mehr oder weniger kompetent zu verhalten. So prägt es unsere Persönlichkeit. Einunddasselbe Individuum bleiben wir vom ersten Lebenstag bis zum letzten. Eine Persönlichkeit *entwickeln* wir – vor allem in der Kindheit unter all den Menschen, die uns begleiten, stützen, tragen, fördern, vertrauen, lieben oder im Stich lassen und zerstören.

Wir haben das »Innere Arbeitsmodell«, das sich die meisten Eltern für ihr Kind wünschen, das Stärke- und Vertrauensmodell genannt, um von vornherein zu zeigen, dass wir ein positives Ziel vor Augen haben.

Die Bedeutung des Mitgefühls:
- Es lässt Mitgefühl auch beim Kind entstehen
- Es ist die Basis für gute Kommunikation und gegenseitiges Akzeptieren
- Es lässt uns Besonderes im Kind erkennen

Mitgefühl hilft und ermöglicht
- Kompetenzen zu entdecken
- Verantwortung zu übernehmen
- aus eigenen Fehlern zu lernen
- all das bedeutet *mehr Selbstvertrauen*

Ich denke, Eltern erkennen jetzt unschwer, warum Mitgefühl eine Art Schlüssel ist, der ihnen den Weg öffnet, Widerstandsfähigkeit und Stärken in Kindern zu entdecken und sie darin während ihrer Entwicklung zu begleiten und zu unterstützen. Ihr Ziel ist, Kindern heranwachsen zu helfen, die auch in fernerer Zukunft noch, wenn Mutter und Vater nicht mehr mit Rat und Tat an ihrer Seite stehen können, das »Richtige« tun können – auch dann, wenn sie sich in ganz unvorhergesehenen Situationen befinden.

Das Stärke- und Vertrauensmodell, wie ich es nenne, gründet sich also auf das Mitgefühl der Eltern mit dem Kind.

Mitfühlen, heißt das nicht Verwöhnen?

Jetzt kann ich mir vorstellen, welche Besorgnis Eltern beschäftigt. Ich denke, sie möchten fragen: Verwöhnen und verziehen wir unser Kind denn nicht, wenn wir ihm stets unser Mitgefühl zeigen? Ist es nicht das sicherste Mittel, aus ihm einen kleinen Tyrannen zu machen, der uns auf der Nase herumtanzt? Heißt das alles nicht, ständig nachzugeben? Werden wir noch die notwendigen Grenzen setzen können?

Die Antwort ist: Mitgefühl, echte Empathie, hat nichts mit Verwöhnen, Nachgeben und Verzicht auf Grenzen zu tun.

Das Kind wird uns gerade durch unser Mitgefühl viel besser verstehen und bereit sein, von uns zu lernen. Und wird es nicht auch Grenzen leichter akzeptieren, wenn wir seine Gefühle und seinen Standpunkt zu verstehen versuchen?

Dafür einige Beispiele. Die Eltern des vierjährigen Kevin waren ratlos, weil er seit einigen Monaten abends plötzlich nicht mehr ins Bett wollte. Schreiend rannte er durch die Wohnung, als wolle man ihm etwas Schlimmes antun. »Er hat doch vorher nie Schwierigkeiten gemacht«, klagten mir die Eltern ihr Leid. Sie hatten das Gefühl, er lebe ungehemmt Trotz aus und manipuliere sie. Also wurden sie immer ärgerlicher und ergriffen immer drakonischere Maßnahmen, um ihn ins Bett zu zwingen. Nichts hatte Erfolg.

Sie begannen sich zu fragen, ob sie so weitermachen sollten.

Offensichtlich waren sie noch nicht auf die Idee gekommen, die Dinge einmal aus seiner Situation zu sehen und zu fühlen. Ihr Ärger über sein »Theater« hatte ihnen den Blick dafür verstellt.

Kevin war ein sehr sensibles, fantasievolles Kind. Wie viele in diesem Alter lebte er in einer Vorstellungswelt, in der es von Monstern und gigantischen Ungeheuern nur so wimmelte. Als ich die Eltern danach fragte, bestätigten sie, dass er nachts oft Alpträume hatte und schreiend aufwachte. Vielleicht sollten sie darüber mal mit ihm reden? Es kam heraus, dass Kevin solche Angst vor seinen Träumen hatte, dass er alles versuchte, um nicht schlafen zu müssen.

Von dem Moment an, als die Eltern begriffen hatten, dass Kevin sie nicht manipulieren wollte, sondern einfach Angst hatte, änderte sich die Situation für beide Seiten schlagartig. Die Eltern waren auf einmal in der Lage, statt Zorn Mitgefühl zu empfinden, es ihm zu zeigen und zu sagen. Sie konnten jetzt mit Kevin darüber reden, wie seinen Ängsten beizukommen wäre. Er fragte, ob man nicht abends in seinem Zimmer ein kleines Lämpchen anlassen könnte, was die Eltern bisher kategorisch verweigert hatten. (Viele Kinder und sogar Erwachsene haben Angst im Dunkeln.) Außerdem bat er darum, dass Mama ihm ein bestimmtes Halstuch, das sie oft trug, mit ins Bett gab. Er erklärte, es würde ihn trösten, wenn er nachts aufwachte und daran schnuppern könnte. Und schließlich fragte er, ob nicht abends seine Tür einen ganz kleinen Spalt aufbleiben dürfte, damit er beim Einschlafen noch ihre Stimmen hören könnte.

Die Eltern waren einverstanden, und die Probleme verschwanden. Kevins ganzes Verhalten, auch tagsüber, wurde verträglicher, ausgeglichener. Mit dem Gefühl, dass seine Eltern ihn verstanden hatten und also wirklich liebten, wurden auch seine Alpträume seltener.

Ein anderes Beispiel, das mich selbst verblüffte, erlebte ich auf einer Lesereise, als ich eins meiner Bücher vorstellte. Nach der Lesung kam eine Mutter zu mir. Sie müsse mir so sehr danken, sagte sie und erzählte: »Wir haben einen vierzehnjährigen Sohn und eine etwas jüngere Tochter.« Die

Mutter hatte im Zimmer des Jungen vor etwa einem Jahr Haschisch entdeckt. Es stellte sich heraus, dass er und einige seiner Klassenkameraden gelegentlich Drogen nahmen, keine »harten«, aber eben doch Drogen. Das Familienleben sei seitdem die Hölle gewesen, sagte sie mir. Mehr oder weniger ausgesprochen schwebte über der ganzen Familie so etwas wie das Urteil: »Wir haben einen Kriminellen unter uns.« Da sie ziemliche Angst um Robert hatten und auch tief entsetzt waren, gelang es den Eltern überhaupt nicht mehr, ihn anders als unter diesem kriminellen Aspekt zu sehen.

»Dann las ich Ihr Buch über die Jugendlichen[7]«, sagte sie, »und ob Sie es glauben oder nicht, fast von Stund an konnten wir wieder ein normales Familienleben führen.« Ich hatte in meinem Buch erklärt, warum viele Jugendliche Drogen nehmen, was die einzelnen Drogen bei ihnen bewirken und wie sie vielen zum Beispiel entweder starke Empfindungen verschaffen, die sie sonst in ihrem Leben vermissen, oder wie sie ihnen »kleine Fluchten« ermöglichen. Meistens, so zeigte meine Schilderung, erreichen sie damit Erlebnisse, Sensationen (Empfindungen), nach denen Jugendliche auch ohne Drogen, also normalerweise, streben. Roberts Drogenproblem hatte sich schließlich als gar nicht so hartnäckig wie befürchtet erwiesen, nachdem die Eltern in ihm nicht mehr einen potenziellen Kriminellen sahen. »Diese Kriminalisierung hatte unsere Familie fast zerstört«, erklärte die junge Frau. Als sie sich von dieser Sicht durch ein besseres Verständnis der Bedürfnisse eines heranwachsenden Sohns befreit hatten, konnten die Eltern offen und partnerschaftlich mit ihm darüber sprechen. Sie nahmen sich mehr Zeit zu häufigeren Gesprächen »zwischen Küche und Badezimmer« und interessierten sich intensiver für seine Hobbys und Neigungen – auch, wenn sie ihnen manchmal fremd waren. Sie konnten ihm zeigen, dass sie ihn liebten. Ihr Verständnis für seine Probleme und seine Sehnsüchte half ihm nun seinerseits die Sorgen seiner Eltern und seiner Schwester um ihn zu verstehen. »Nach einigen Wochen hatten wir kein Drogenproblem mehr«, sagte mir die Frau. Einen schöneren Erfolg als diesen Bericht konnte ich mir für ein Buch nicht vorstellen.

Eine Achtjährige, die meist mit den Gedanken weit weg zu sein schien, wenn man sie ansprach, sei »furchtbar faul«, klagten ihre Eltern. Sie spiele nicht mit anderen Kindern, hocke stundenlang mit einem Buch in einer Ecke, wolle aber einfach niemals auch nur eine halbe Stunde an den Hausaufgaben sitzen und schien auch in der Schule unkonzentriert. Die Folge waren schlechte Zensuren. Zum Erstaunen der Eltern hatte ein Kinderintelligenztest ergeben, dass sie hoch begabt war. Es lag auf der Hand, dass sie mehr als ein Problem hatte, schon allein dasjenige, sich in der Schule und bei den Hausaufgaben so zu langweilen, dass sie dem Unterricht gar nicht mehr folgte. Dass Eltern und Lehrer immer unzufrieden mit ihr waren, schien sie zu bedrücken.

Ich fragte die Eltern, was sie denn so lese. Alles, was sie in die Finger bekomme, meinten sie, häufig leihe sie in der Schulbibliothek Bücher aus. Genau wussten sie nicht, was deren Inhalt war, sie hatten sie auch nie danach gefragt.

»Wir waren so überzeugt davon, dass sie einfach faul war«, erklärten sie, sehr ärgerlich darüber, denn sie hatten beide nicht viel Zeit, sich um alles zu kümmern. Sie gestanden, dass sie sich nie an ihre Stelle versetzt hatten. Warum auch? Maria war faul, das sprang doch in die Augen. Natürlich war ihnen aufgefallen, dass ihre Tochter mehr verstand als andere Kinder in ihrem Alter, aber das hatte sie sogar noch bestärkt in ihrem Vorurteil. Jedes Gespräch mit der Kleinen drehte sich eigentlich nur noch darum, dass sie endlich mehr Fleiß zeigen müsse. Das Verhältnis zwischen allen dreien wurde mit jedem Tag schlechter.

Wie viele Eltern waren sie nie auf die Idee gekommen, einmal in die Haut des Mädchens zu schlüpfen. Beurteilten nicht die Lehrer (die bei dreiunddreißig Schülern in der Klasse erst recht keine Zeit hatten) ihr Versagen ebenso? Und wie so vielen Eltern fiel es ihnen nicht leicht, Mitgefühl zu zeigen, weil Maria so gar nicht ihren Erwartungen zu entsprechen schien.

»Unterhalten Sie sich doch mal mit ihr über ihre Lektüre. Versuchen Sie etwas über ihre Interessen zu erfahren«, schlug ich vor. Die veränderte Haltung der Eltern führte dazu, dass die Tochter Mut fasste, nicht nur über ihre Bücher, sondern auch über ihre Angst vor der Schule zu sprechen. Ein beratender Psychologe schlug vor, mehrere Tests zu machen. Nun ließ sich nicht mehr von der Hand weisen, dass das Mädchen eine weit über dem Durchschnitt liegende Auffassungsgabe hatte. Eindeutig gehörte sie zu den wenigen Hochbegabten. Sie fühlte sich einsam in der Schule und zu Hause unverstanden.

Nach und nach bekamen die Eltern eine Vorstellung von dem, was dieses Kind durchgemacht hatte. Sie waren betroffen, als Maria ihnen sagte: »Ich dachte, Ihr hättet mich nicht mehr lieb.« Jetzt wechselten sich Mutter und Vater ab mit regelmäßiger »Extrazeit« für die Kleine, in der sie mit ihr einfach etwas taten oder unternahmen, was ihnen allen Spaß machte. Dabei erlebten, erfuhren und besprachen sie so viel über einander, dass viele Missverständnisse einfach verschwanden.

Natürlich waren die Schulprobleme damit noch nicht gelöst. Eltern und Kind hatten noch einen langen Weg vor sich, um zu erreichen, dass Maria in ein besonderes Förderungsprogramm für Hochbegabte aufgenommen wurde. Es galt, sowohl ihrer ungewöhnlichen Intelligenz als auch ihren noch kindlichen seelischen Bedürfnissen gerecht zu werden.

Das Wichtigste für die Eltern war jedoch gewesen, »dass wir plötzlich wieder ein fröhliches Kind hatten«.

Was diese Familie mit ihrem hoch begabten Kind erlebt hatte, ist dem Schicksal anderer Eltern mit einem wahrnehmungsgestörten oder behinderten Kind nicht unähnlich. In beiden Fällen haben die Kinder Schwierigkeiten, in einem sozialen Schulumfeld und auch zu Hause akzeptiert zu werden, weil sie nicht in bestimmte Normen passen. Diese Normen sehen auch vor, dass geistige, seelische und körperliche Entwicklung erwartungsgemäß zusammenpassen. Sobald es in einem Bereich Überschüsse oder Defizite gibt, fällt das Kind aus diesem Raster heraus. Weder es selbst noch die anderen verstehen, was das bedeutet. Mit Sicherheit fühlt sich ein solches Kind allein gelassen.

Ein Grund mehr für Eltern, ihrem Sohn oder ihrer Tochter *das* mitzugeben, *das* in ihnen zu Stärke und Selbstvertrauen zu entwickeln, was sie in all diesen unvorhersehbaren Problemsituationen widerstandsfähig und flexibel macht. Diese Charakterfähigkeiten können ganz und gar andere sein als die Fähigkeiten, für die man in der Schule gute Zensuren bekommt. Sie können jedoch durch ihre *universelle* Auswirkung auf viele Lebensbereiche dazu beitragen, dass *auch* die Schulleistungen besser werden.

Eltern sind Vorbilder, auch negative

Es gibt jedoch auch ganze Familien, in denen keiner besonders mitfühlend mit dem anderen umgeht: Der vierzehnjährige Axel etwa wurde von seinen Eltern ins Gebet genommen, weil er mit seiner jüngeren Schwester nicht nett war. Er nahm nie Rücksicht auf sie, wenn sie etwas mehr Zeit auf dem Schulweg brauchte, fuhr sie an, wenn sie ihn etwas fragen wollte, und beschimpfte sie als »zu doof, um Freunde zu haben«. Beide Kinder waren außerdem der Meinung, sie könnten es ihren Eltern nie recht machen, »den ganzen Tag meckern sie uns an!« Bei einem gemeinsamen Gespräch mit der ganzen Familie beschuldigte die Mutter den Vater dafür, dass er ja nie zu Hause sei. Der konterte: »Immer musst du mich vor den Kindern runtermachen.« »Nein, das tust du mit mir! Du hältst mir vor, ich wäre nicht streng genug, ich könnte den Kindern keine Grenzen setzen.« Die Mutter fing an zu weinen, als sie das sagte. Axel schien furchtbar wütend zu werden: »Siehst du, wie du mit Mama umgehst. Und mir erzählst du, ich solle nett mit Suse sein!«

Die Eltern waren plötzlich selbst erschreckt über das, was sie auf einmal verstanden: Es war wirklich so, sie gingen nicht gerade freundlich oder verständnisvoll miteinander um. Der Gedanke, dass sie darum auch von ihren Kindern keine zivileren Umgangsformen erwarten konnten, war ihnen nie gekommen. Belassen wir es bei diesem harmlosen Beispiel.

Viele Eltern unterschätzen sowohl die Bedeutung von Mitgefühl innerhalb einer Familie als auch ihre eigene Rolle als Vorbilder. Sie selbst legen mit ihrem Verhalten den Grundstein für die befriedigenden (oder unbefriedigenden) Beziehungen ihrer Kinder mit anderen Menschen. Nicht ihre Worte, sondern ihr eigenes Verhalten lassen die Kinder all die Fähigkeiten erlernen, die der freundliche, anteilnehmende Umgang mit anderen erfordert. Dazu gehören ein konstruktiver und freundlicher Dialog mit anderen, verständnisvolles Zuhören, Ermutigen des Gesprächspartners, unterschiedliche Meinungen friedlich zu einer Lösung zu bringen und schließlich das Verständnis für soziale Aufgaben (wie sich gegenseitig helfen und kooperativ sein). All dies erleichtert es Kindern, sich im Kreis der Gleichaltrigen sicher und freundlich zu bewegen und Freunde zu finden.

»Jedes Mal, wenn Eltern ihren Kindern gegenüber Mitgefühl zeigen, bei jedem Versuch, angemessen zu verstehen und ernst zu nehmen, was die Kindern ihnen mitteilen wollen, und jedes Mal, wenn Eltern einen Machtkampf vermeiden, indem sie sich Zeit nehmen, die Perspektive des Kindes zu sehen, pflanzen sie die Saat für den späteren Erfolg in zwischenmenschlichen Beziehungen«, schreiben Brooks und Goldstein.[8] All unsere Beispiele zeigen, dass es für Eltern oft ernst zu nehmende Hindernisse gibt, sich mitfühlend zu zeigen. Im Grunde sind es Missverständnisse.

Die häufigsten Hindernisse für ein mitfühlendes elterliches Verhalten sind:

1. eigene negative frühere Erfahrungen, das heißt, ein Wiederholen dessen, was man selbst einst erfahren hat.
2. der Gedanke, das Kind wolle einen manipulieren.
3. Ärger und Frustration über das Kind (es entspricht nicht den elterlichen Erwartungen).
4. die Annahme, Mitgefühl zeigen sei gleich Verwöhnen.
5. Unterschätzen von Mitgefühl als Modellverhalten.

Wie Eltern Mitgefühl lernen

Eigentlich sollten wir nicht von Lernen sprechen, denn die meisten Eltern sind aufgrund ihrer eigenen Entwicklung bereits mitfühlend. Sie können aber einiges tun, um ihr Mitgefühl stets wachzuhalten, sich nicht von anderen irre machen zu lassen und wirklich sinnvoll mit ihm umzugehen.

Sinnvoll mit Mitgefühl umgehen, das heißt zunächst erkennen, wie wichtig Empathie ist, wenn Eltern dazu beitragen wollen, dass ihr Kind jetzt und später mit Stärke und Vertrauen seinen Weg macht. Unser Mitgefühl ist es also, dass es als Allererstes »unbesiegbar« in vielen heute unvorstellbaren Lebenssituationen macht. Ebenso gehen wir sinnvoll damit um, wenn wir einmal darüber nachdenken, warum jemand, der sich Gehör verschaffen und verstanden werden will, zuerst einmal zuhören und versuchen muss, den anderen zu verstehen.

Sich nicht irre machen lassen heißt, mehr auf sein eigenes Gefühl als auf Ratschläge vertrauen. Niemand kennt ein Kind so gut wie die eigenen Eltern, niemand sonst hat diese Gefühlsverbundenheit mit ihm. Vertrauen Sie darauf, dass Verständnis und Mitgefühl zeigen nicht verwöhnen heißt. Haben Sie nicht selbst oft erfahren, dass Sie und andere besser zuhören, verstehen und bei einer Sache mitarbeiten, wenn derjenige, der etwas von uns will, zunächst zeigt, dass er mit uns fühlt und uns versteht?

Sein Mitgefühl wach halten und schärfen heißt, dies vierundzwanzig Stunden am Tag zu tun. Es ist leicht, mitfühlend mit unserem Kind zu sein, wenn alles gerade wie geschmiert geht. Weniger leicht fällt es uns, wenn uns das Kind ärgerlich, ja ernsthaft wütend macht, wenn es sich trotz unseres Verständnisses für seine Perspektive der Situation weiter unmöglich aufführt, wenn wir nicht gleich Erfolg haben oder auch, wenn wir einfach müde sind oder uns auf etwas anderes konzentrieren müssen oder wollen. Auch mitfühlende Eltern sind keine Übermenschen. Aber gerade in völlig verfahrenen Situationen hilft ihnen das schlichte Mitgefühl oft am meisten. Denn es kann uns dazu bringen, unsere Gelassenheit oder unseren Humor wiederzufinden oder energisch »einen Punkt zu machen«, zu sagen: Stopp! Denn Sie sehen (dank Ihres Mitgefühls), dass Ihr Kind genauso außer sich und unfähig zu denken ist wie Sie. Wenn es brennt, muss man zuerst das Feuer löschen. Das ist erste Hilfe. Nachdenken, warum und was es ausgelöst hat, können wir später. Wenn gar nichts zu gehen scheint, können Sie sich sagen: Okay, jetzt weiß ich nicht weiter, bin am Ende meiner Nerven, aber später nehmen wir, mein Kind und ich, uns die Sache noch einmal vor.

Oft ertappen sich Eltern dabei, dass sie die gleichen Ermahnungen und Drohungen wiederholen, die sie selbst von ihrem Vater und ihrer Mutter gehört haben und die häufig keinerlei Erfolg hatten. Nun scheint ihnen die gleiche Erfolglosigkeit mit ihren Kindern beschieden zu sein. Da ist also etwas so eingefahren und starr geworden, dass es, obwohl nutzlos, gar nicht mehr in Frage gestellt wird.

Um das zu durchbrechen, hilft es, sich selbst noch einmal als Kind zu sehen und sich an seine Gefühle damals zu erinnern, dann fällt es leichter, jetzt in die Haut unserer Kinder heute zu schlüpfen.

Fragen wir uns: *Was war das Schönste, woran ich mich mit meiner Mutter und meinem Vater erinnern kann?*

Und: *Was habe ich ihnen am meisten übel genommen?*

Weiter: *Wie haben sie (jeder einzeln) reagiert, wenn ich sehr traurig war oder große Angst hatte?*

Wie war ihre Reaktion, wenn ich etwas Dummes, Falsches getan oder wenn ich etwas kaputtgemacht hatte?

Ich denke, Eltern werden bei solchen Gedankenspielen ihrer eigenen Fähigkeit, Mitgefühl zu zeigen, besser auf die Spur kommen.

Ein Vater erzählt: »Ich hatte als etwa Zwölfjähriger einen Abszess am Gesäß und sollte ihn mir von unserem Arzt öffnen lassen. Den weiten Weg vom Arzt nach Hause musste ich mit dem Fahrrad fahren. Das war furchtbar. Meine Eltern haben mich nicht mit dem Auto abgeholt. Ich war sicher, dass sie kein Mitgefühl mit mir hatten. Lange wollte ich es mir nicht eingestehen. Heute weiß ich es, denn es gibt noch viele andere ähnliche Erinnerungen.«

Dieser Vater hat darüber nachgedacht, was sein Mitgefühl für seinen heute zwanzigjährigen Sohn bedeutete.

Eine Mutter sagt: »Als kleines Mädchen hörte ich nichts anderes als, ich sei faul, wenn ich mal nicht abwaschen, Staub wischen oder Socken stopfen wollte. Dabei hatte ich solche Lust zu lesen und musste das immer heimlich und mit schlechtem Gewissen tun. Sie fragten nie nach etwas anderem als meinen Zensuren. Ich dachte, niemand liebt mich.« Trotzdem erinnerte sie sich an Ereignisse, die wunderbar waren, zum Beispiel wie sie die Mutter zu einer Freundin hatte sagen hören: »Felicitas ist wirklich süß. Vorige Woche, als ich krank war, hat sie sich so lieb um mich gekümmert.« Und einmal, als sie traurig wegen einer Klassenkameradin war, die nichts von ihr wissen wollte, hatte ihre Mutter ihr gesagt, wie sehr sie und der Vater sie lieb hätten und dass sie für ihre Eltern das Wertvollste auf der Welt sei. Als Felicitas nun einzugestehen wagte, sie hätte das Gegenteil gedacht, war die Mutter tief betroffen. Sie war sich nie bewusst gewesen, wie selten sie ihrem Kind ihre positiven Gefühle zeigte.

Felicitas halfen diese Erinnerungen, die Bedeutung ihres Mitgefühls mit ihren Kindern zu erkennen. Sie verstand, dass man es auch zeigen muss.

Ein anderes Gedankenspiel ist: Wie würde mein Kind mich wohl beschreiben? Und dann überlegen Sie noch einmal, wie Sie selbst Ihre Mutter charakterisieren würden. Vergleichen sie die Bilder miteinander.

Nun denken Sie auch noch darüber nach: Wie würden Sie *wünschen*, dass Ihr Kind Sie schilderte?

Vielleicht werden Ihre Selbsterkenntnis und Ihre Überlegungen noch geschärft, wenn Sie Folgendes in zwei Listen notieren:

Mit welchen Worten *würden Sie gern* von Ihren Kindern beschrieben werden?

Mit welchen Worten, glauben Sie, beschreiben die Kinder Sie *wirklich*?

Vielleicht ändern Eltern, die so nachgedacht haben, doch ihre eingefahrenen Erziehungsmuster. Sicher ist, dass solches Nachdenken sie nicht kalt oder gleichgültig bleiben lässt, sondern eine Menge Gefühle in ihnen wachrufen wird. Möglicherweise erschrecken manche sogar angesichts der Wirklichkeit, die sie nie gesehen haben.

In jedem Fall werden ihnen solche Überlegungen helfen, verständnisvoller mit ihrem eigenen Kind umgehen zu können.

Anfangs haben wir festgestellt, dass Menschen häufig ihre Vorgehensweise, ihre Taktik ändern müssen, wenn ewiges Wiederholen des gleichen Verhaltens erfolglos bleibt. Manchen Eltern wird jetzt vielleicht klar, dass sie die Geschichte ihrer Kindheit nicht endlos wiederholen wollen.

Mitgefühl ist das Gefühl, das fast alle Eltern bei ihren Kindern wünschen. Wir haben gesehen, dass nicht allein Worte und Vorsätze, sondern das tägliche Vorbild es hervorbringen. Das Fernziel sind nicht nur starke Kinder, die sich in einer wandelbaren, manchmal feindlichen Welt bewähren, sondern starke, mitfühlende Kinder in einer Zukunft, in der Mitgefühl zu den höchsten Werten gehören könnte.

Mitgefühl und Verstand

Einen wichtigen Gesichtspunkt haben wir bisher außer Acht gelassen: Mitgefühl, Empathie ist als menschlich besonders hoch entwickeltes und edles Gefühl an der gesamten Gefühlsentwicklung eines Kindes beteiligt. Es gibt, so könnte man vielleicht sagen, allen anderen Gefühlen, einschließlich Hass, Wut und Freude zum Beispiel, die typisch menschliche Färbung. Es entscheidet – als von den Eltern Erfahrenes und selbst Empfundenes (von außen und innen) – darüber, wie *sinnvoll* wir all unsere Gefühle im Umgang mit anderen Menschen einsetzen können. Damit ist es *die wichtigste Grundlage für unseren Verstand.*

Verstand – ich spreche ungern von Intelligenz, weil mir dieser Begriff zu eng erscheint (zum Beispiel wenn es sich um soziale und ethische Kompetenzen handelt), – entfaltet sich nur zur vollen Blüte, wenn ein Mensch innerhalb einer liebevoll-sicheren Beziehung all seine Gefühle entwickeln konnte.

Die moderne Psychologie hat es schon lange erkannt, und die jüngsten Forschungsarbeiten von Gehirnspezialisten beweisen es: Emotionen sind an allen Leistungen des »denkenden Gehirns« beteiligt.[9] Keine unserer Wahrnehmungen gelangt zu irgendeiner Form von »Erkennen« ohne blitzschnelle emotionale Verarbeitung (das heißt Rückmeldung oder Zusatzinformation), sogar mehrfache emotionale Verarbeitung. Diese Verarbeitung geht so schnell, so »augenblicklich« vor sich, dass Forscher darüber gestritten haben, ob die Emotion oder das Erkennen zuerst da ist.

Wir müssen hier nicht in die Feinheiten der Gehirnforschung eindringen, wir können uns zunutze machen, was andere bewiesen haben. Eine notwendige Schlussfolgerung hat zu meinem Erstaunen bisher niemand gezogen: den Zusammenhang mit der kindlichen Entwicklung von Anfang an.

Das heißt, von der frühesten Entstehung des Embryos im Mutterleib an.

Man hat in den letzten Jahren immer wieder die *körperliche* Entwicklung des Kindes im Mutterleib geschildert. *Emotionale und Verstandesentwicklung* hat kaum jemand erwähnt, vielleicht, weil man sich so etwas in dieser frühen Lebensphase noch nicht vorstellen konnte. Die Pränatale Psychologie, die sich mit ersten seelischen Vorgängen beschäftigt, wurde jahrelang als Wissenschaft nicht ernst genommen. Allerdings hat auch sie den Aspekt der frühen Entwicklung unseres Verstandes höchstens am Rande vermerkt.

Wir wissen seit geraumer Zeit, dass bereits ein Embryo in der siebenten Woche zu taktilen und Gleichgewichtswahrnehmungen fähig ist. Das heißt, er hat bereits so etwas wie Körperempfinden. Die renommierte amerikanische Kinderspezialistin Alicia Lieberman spricht bereits bei einem neun Wochen alten Embryo von »Emotionen«. Sie ist überzeugt, ein solcher Embryo, der heftige Fluchtbewegungen mit dem ganzen Körper macht, wenn ein Instrument in den Mutterleib eingeführt wird, habe »Angst«.[10]

Moderne Hirnforscher, unter ihnen der New Yorker Universitäts-Neuro-Psychiater Joseph LeDoux, haben kürzlich nachgewiesen, dass beim Erwachsenen geistige Leistungen mit körperlich-emotionalem Empfinden einhergehen, dass sie davon gefärbt und sogar in bestimmte Richtungen gelenkt werden, dass Emotionen geistige Selektion und Entscheidung ermöglichen.[11]

Emotionen sind offensichtlich der Boden, auf dem Geistiges gedeiht. Das lässt den Schluss zu, dass dies für die gesamte Entwicklung der Intelligenz, des Verstandes eines Kindes gilt – und zwar schon vorgeburtlich. So etwa können wir uns also die seelisch-geistige Entwicklung vorstellen:

Wie Gefühl zu Verstand führt

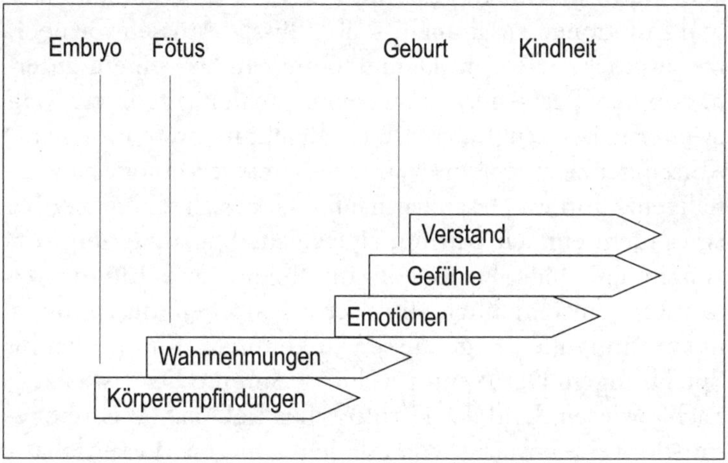

Die allerersten Bauelemente des Geistes sind noch nicht kognitiv. Am Anfang tauchen beim etwa sieben bis acht Wochen alten Embryo Körperempfindungen auf. Erste Rezeptoren, die »Empfänger« für Wahrnehmungen, haben sich gebildet. Die frühen Wahrnehmungen und Empfindungen sind der Stoff für unsere Uremotionen noch im Mutterleib. Um die Geburt herum verfeinern sie sich und führen mit dem aufkeimenden Bewusstsein zu elaborierten Gefühlen (Bewusstsein ist noch nicht Verstand). Jetzt erst kann sich der Verstand entfalten – im Zusammenlaufen aller Stränge. Er muss sich, als höchste menschliche Leistung, alles zunutze machen, was er vorfindet: Körperempfinden und Wahrnehmung sowie Emotionales und Gefühle. Alle diese Stränge, »Systeme« sind lebenslang an geistigen Prozessen aller Art beteiligt. Sie verfeinern und integrieren (bilden neue Zusammenhänge) sich ständig.

Plötzlich, so scheint mir, wird die immer wieder zu Intelligenz und Emotionen gestellte Frage – Wie kommen Geist und Emotionen zusammen? – überflüssig. Müssen wir überhaupt noch, wie seit Daniel Goleman in seinem internationalen Bestseller,[12] von »emotionaler Intelligenz« als zweiter neben einer anderen (vielleicht nichtemotionalen?) »Intelligenz« sprechen? Wir sollen unsere »emotionale Intelligenz« fördern, lesen wir häufig. Hört sich schön an. Aber ist es nicht einfach Unsinn, eine solche Spezifizierung vorzunehmen? Jede Form von Intelligenz und Intelligenzleistung, einschließlich all unserer Entscheidungen, muss, um zu sinnvollen Ergebnissen zu kommen, Emotionen ins Spiel bringen. Der Neuropsychiater Antonio Damasio hat es nachgewiesen. Und der Hirnforscher LeDoux beschreibt es (mittlerweile bestätigt von etlichen anderen Wissenschaftlern seines Fachs) in seinem Buch *Das Netz der Gefühle (The Emotional Brain)* in bestechender Weise.

Fassen wir zusammen:

- Es gibt nur *eine* Intelligenz, egal wie vielfältig sie sich ausdrückt (mathematisch, geschäftlich, sozial), und die ist emotional. Das heißt, Emotionen müssen sich einmischen, wenn geistige Prozesse zu Ergebnissen und zu Entscheidungen kommen sollen.
- Beim Baby und Kleinkind ist der wichtigste Zugang zum Geist das Gefühl. Seine und unsere Gefühle.
- Während der Zeit, die das Kind im Mutterleib verbringt, bekommt es tatsächlich bereits unsere Gefühle und unser Erleben mit. Es kann auch schon hören, Stimmen, Wortfolgen und Melodien unterscheiden. Wir haben andererseits zu diesem Zeitpunkt jedoch noch nicht so viele Möglichkeiten, ihm unsere Zuneigung und vor allem unser Mitgefühl zu zeigen wie nach der Geburt. Jedoch ver-

mittelt zum Beispiel eine Mutter, die sich auf ihr Baby freut, ihm ein anderes Gefühl von Geborgenheit und Sicherheit als eine Mutter, die es ablehnt.

- Ziehen wir daraus den Schluss, dass unser Mitgefühl vom ersten Moment an nicht nur die Grundlage der oben im Schema dargestellten Kompetenzen unseres Kindes ist, sondern auch stets über seine geistige Entwicklung, also seinen Verstand, entscheidet.

Dies sei noch am Beispiel einer anderen bedeutenden Forschungsrichtung, der Entwicklungspsychologie, untermauert. Diejenigen Wissenschafter, die insbesondere die Bedeutung der »frühkindlichen Bindung« an eine oder mehrere Bezugspersonen untersucht haben, machten bei ihren Beobachtungen eine überraschende Entdeckung. Sie betrifft das so genannte »Erkundungsverhalten« eines Kindes.

Erkunden heißt untersuchen, erforschen, genau befühlen, betrachten, hinhören, kurz: neugierig sein, »sich schlau machen«. Es umfasst all das, was gesunde Kinder machen, während der Monate und Jahre, in denen wir fast ununterbrochen ein Auge auf sie haben müssen. Denn sie bewegen sich dabei von der Mutter fort, krabbeln unter und auf Möbel, grapschen alles vom Tisch, vom Fußboden und manchmal auch vom Herd. Sie bringen sich dabei gelegentlich in Gefahr. Und sie brauchen dazu Mut und Selbstvertrauen, denn sonst würden sie nicht wagen, von der Seite der Mutter zu weichen. Alles in allem können wir froh sein, wenn ein Kind so unsere Nerven strapaziert. Denn es ist dabei zu lernen, unermüdlich zu lernen. Beklagen wir uns nicht öfter über uninteressierte, faule Schulkinder? Nun, hier haben wir das Gegenteil vor uns. Nur, weil es sehr anstrengend für uns ist, sind wir damit auch nicht recht zufrieden.

Trotzdem freuen sich Eltern heute, wenn Kinder früh selbstständig werden. Denn das hat ja auch sein Gutes für sie, die so viel anderes um die Ohren haben. Schließlich können sie ja nicht ständig aufpassen, mit ihrem Kind spielen oder es gar herumtragen. Und es hat, das sieht jeder Vater und jede Mutter ein, sein Gutes für das Kind. »Mein Kind ist schon so selbstständig!« Da klingt Stolz heraus. Mit Recht. Denn ein Kind, das sich so verhält, verspricht, später »klug« und lernbegierig zu werden.

Das zu erreichen, glauben viele, wenn nicht die meisten, sei eine Sache der »Erziehung«. Man versucht, das Kind schon früh daran zu gewöhnen, dass es allein sein und sich allein beschäftigen muss. Man ist nicht nachgiebig, wenn es protestiert und weint, man versucht, nicht bei jedem kleinen Kummer tröstend zu reagieren und auch nicht, wenn es sich mal wehtut.

Nun, ob Sie es glauben oder nicht, Eltern erreichen damit das Gegenteil ihrer Absichten. Ich hatte versprochen, hier von einer überraschenden Entdeckung der Entwicklungspsychologie zu berichten. Sie heißt: Die eben geschilderten Eltern haben beste Chancen, dass ihre Kinder besonders schlecht oder spät selbstständig werden. Dagegen: Kinder werden umso autonomer und selbstständiger in ihrem gesamten Verhalten, wenn wir ihre Bindungsbedürfnisse, das heißt, ihre Liebes-, Nähe-, Schmuse-, Trost- und Kommunikationsbedürfnisse, so weit wie möglich befriedigen. Binden, so haben wir gezeigt, wird sich das Kind in jedem Fall. Nur ob die Bindung gut, also zu einer positiven Beziehung wird, das entscheidet sich an der Erfüllung aller dieser Bedürfnisse. Und dazu braucht eine Mutter (ein Vater) eines in ganz hohem Maße: Mitgefühl. So »übt« sie sich in etwas, das ihr auch in den kommenden Jahren die größte Hilfe sein wird, ein widerstandsfähiges, für die Welt gewappnetes Kind heranwachsen zu sehen.

Die Psychologen Karin und Klaus Grossmann von der Universität Regensburg beobachteten Babys und Kleinkinder und ihre Mütter bei Naturvölkern und untersuchten ebenso in Deutschland Kinder gleicher Altersstufen in zahlreichen ausgeklügelten Testsituationen.[13] Die Auswertung all ihrer Forschungsergebnisse zeigt, dass Kinder, die sich schon am Lebensanfang sicher und geborgen in ihrer Beziehung zu Mutter und Vater fühlen, besser, mutiger, freier und auch kooperativer »erkunden«. Sie tun alles, um neugieriger zu lernen, wie die Dinge, Situationen und Menschen um sie herum beschaffen sind und funktionieren. Sie probieren Spiele und Aktionen aus, haben Spaß am gemeinsamen Tun mit anderen. Andere Untersuchungen amerikanischer und weiterer deutscher Wissenschaftler bestätigen das.[14]

Je *weniger* ein Baby und Kleinkind seine Aufmerksamkeit und sein Bemühen darauf richten muss, seine Mutter zu einem liebevollen, tröstenden Verhalten zu bringen, nämlich zu weinen, zu rufen, sich anzuklammern, desto *mehr* ist es innerlich frei, zu erkunden, zu spielen, zu untersuchen usw. Es kann sich auch erlauben, sich von der Mutter ein wenig fortzubewegen, wird selbstständig, denn es kann ihr ja voll und ganz vertrauen. Es weiß, immer wird sie es trösten, wenn ihm ein Missgeschick passiert, immer wird sie da sein, damit es schnell einmal zu ihr, seiner *»sicheren Basis«*, wie die Forscher es nennen, zurückkehren kann, in ihre Arme, auf ihren Schoß. Ihr ständig wachsames und verlässliches *Mitgefühl* gibt ihm Selbstvertrauen, macht es frei. Das Ganze funktioniert wie eine Wippe, erklärt Karin Grossmann: Sind die Bindungsbedürfnisse, also Weinen, Rufen, Anklammern, ganz unten, weil sie alle erfüllt sind, dann geht die Seite mit dem Erkundungsverhalten nach oben. Dagegen: Ist das Bindungsbedürfnis stark, ganz hoch oben, weil es unerfüllt und das Kind unglücklich ist, dann ist das Erkundungsverhalten »am Boden«.

Die kleine Grafik soll das verdeutlichen:

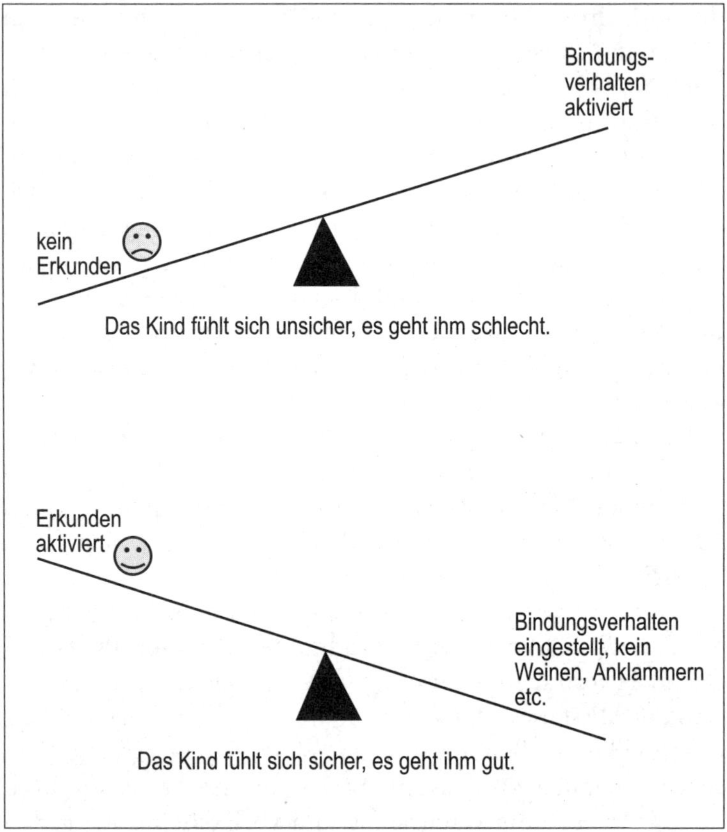

Die Psychologin Karin Grossmann erklärt am Modell einer Wippe das umgekehrte Verhältnis zwischen zwei Verhaltensweisen eines Kleinkinds. Wir sehen auf dem ersten Bild ein trauriges Kind, das am unteren Ende der Wippe sitzt. Es erkundet nicht, ist nicht offen für die Welt. Das obere Ende der Wippe zeigt, dass es seine ganze Aktivität darauf richtet, die Bindung mit der Mutter herzustellen und zu mobilisieren.

Auf dem Bild darunter sehen wir ein glückliches Kind: Es kann fröhlich erkunden und neugierig in die Welt schauen. Unten rechts sind jetzt die Bindungsbemühungen ganz zurückgegangen, denn das Kind fühlt sich wohl.

Positiv ausgedrückt: Sind Kinder glücklich und fühlen sich geliebt und geborgen, dann können sie mit Selbstvertrauen die Welt erkunden. Eine gute Voraussetzung für lernbegierige, kluge Kinder!

Erinnern wir uns noch einmal, warum Mitgefühl, also Empathie, so wichtig für unser Ziel ist, warum es uns und unseren Kindern hilft, unser kleines Boot sicher und heil durch alle Strudel und alle Klippen unvorhersehbarer Anforderungen zu steuern:

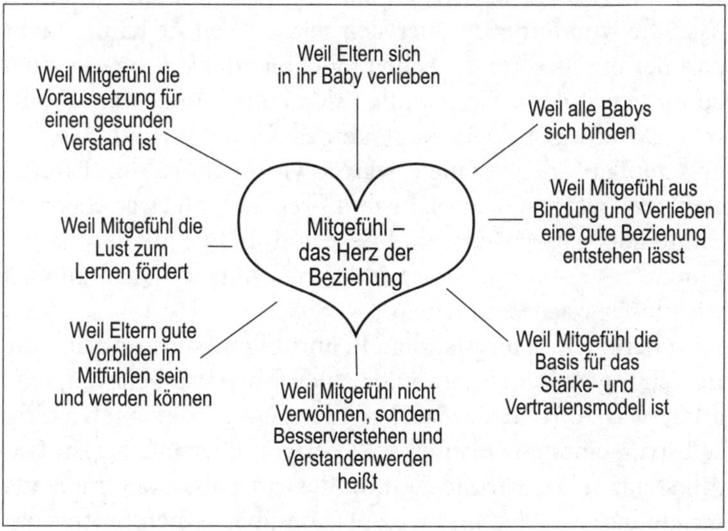

Warum Eltern unsicher sind

Bedeutung für die Eltern-Kind-Beziehung

Wenn junge Erwachsene Eltern werden, dann lernen sie neben vielen unbekannten Gefühlen oft eines kennen, vor dem sie sich gefeit glaubten: Unsicherheit, vielleicht sogar Angst. Eigentlich sind es viele ganz verschiedene Ängste oder Besorgnisse, die sie sich keineswegs immer eingestehen. Manche wundern sich über sich selbst. Weil sie häufig nicht darüber mit anderen sprechen möchten, denken sie, sie seien damit ganz allein. Sie befinden sich jedoch in bester Gesellschaft. Besorgt zu sein wegen eines Kindes, auch eines, das erst geplant oder gerade erwartet wird, gehört zum Elternsein und -werden, wie Liebe und Freude. Und es ist sogar im Sinne der Natur. Angst und Besorgnis haben zuallererst die Funktion, uns und unsere Kinder zu schützen. Dazu müssen wir immer wachsam bleiben.

Andererseits kann ständige Beunruhigung um ein Kind die Beziehung zwischen ihm und seinen Eltern so belasten, dass alles, was normalerweise Freude macht oder auch völlig selbstverständlich ablaufen sollte, davon überschattet ist. Das gilt sogar schon für die Zeit, in der ein Baby noch im Mutterleib heranwächst und wo es schon über seinen Stoffwechsel, über das Fühlen und Hören des Herzschlags der Mutter, über Anspannungen und Entspannungen in ihrem Körper, über ihre Bewegungen, ihre Ruhe oder Unruhe Anteil an ihren Gefühlen und ihrem Befinden nimmt. Es macht einen Unterschied nicht nur für seine körperliche Entwicklung, die äußerlich sichtbar beeinträchtigt werden kann, sondern auch für die geistig-seelische, die von den Ängsten einer Mutter und eines Vaters (die wiederum auf die Mutter und damit das Ungeborene zurückwirken) unharmonisch und in einem Empfinden von Unsicherheit verlaufen kann. So kommt vielleicht ein potenziell ganz gesundes Kind schon in Unsicherheit zur Welt, und eins, das vielleicht zu den »Risiko-Babys« gehört, aber gute Entwicklungschancen hat, mit einer zusätzlichen Last, die ihm die Eltern aufbürden. Dann ist die Sorge einer Mutter oder eines Vaters nicht mehr sinnvoll, sondern sie behindert die Entwicklung des Kindes.

Das leuchtet Ihnen nicht ein? Denken Sie doch einmal an etwas, das Sie alle kennen, nämlich was den lieben langen Tag zwischen einem Baby und seiner Mutter abläuft. Ist es nicht wie eine einzigartige spontane und intuitive Choreographie? Beide gehen aufeinander ein, abgestimmt, ohne nachzudenken, so wie wir es beim Tanzen mit einem Partner tun. Meist genügen ein Blick, ein Laut, eine Berührung, und die Mutter reagiert: Sie lächelt und spricht das Baby an, geht auf sein Signal »Ich hab Lust zu spielen« ein. Jemand anderes hätte es vielleicht gar nicht bemerkt. Sie lacht es an, nimmt seine Händchen, spielt mit ihm »Kommt ein Mäuschen«, kitzelt es am Hals oder sie tröstet, nimmt das Kind auf, stillt es. Das Baby reagiert seinerseits. Aber vielleicht ist es nun schon wieder ganz schläfrig. Auch darauf geht die Mutter ein: Streicht über sein Köpfchen, nimmt sein Händchen – und legt es wieder hin.

In seinem mit auf die Welt gebrachten Gefühl der Sicherheit kann das Baby neugierig sein, es kann mit Fühlen, Riechen, Hören, Sehen erkunden, erste Zärtlichkeiten spüren und selbst geben. Es kann ihm schon verfügbare Signale an seine Mutter und seinen Vater senden, es kann neue erfinden und ausprobieren, denn es wird von seiner Mutter dazu ermutigt, es fordert sie zum »Tanz«, zum Spiel auf und folgt mit Vergnügen ihren Aufforderungen. Beide können sich im Gefühl ihrer Sicherheit ergänzen, weiterführen. Je mehr das Kind dies spürt und je häufiger es diese ermutigende Erfahrung macht, desto vielfältiger kann es seine Fühler in die Welt ausstrecken, desto mehr kann es ausprobieren, wagen. Desto üppiger werden sich seine anfangs nur vorläufig angelegten Hirnstrukturen anreichern, verknüpfen, bahnen, desto »sinnvoller« und reibungsloser werden Informationen durch Botenstoffe im Gehirn und im ganzen Körper übermittelt.

Seine Wahrnehmungssysteme – sie sind viel mehr als die berühmten »fünf Sinne« – können einander ergänzend und zusammenpassend immer besser arbeiten. Sie ermöglichen den zur Reifung eines Menschen so unerlässlichen Integrationsprozess. Integration sollten wir verstehen als: sinnvoll in ein Ganzes einfügen und in einem Ganzen benutzen können. Warum zusammenfügen? Am Anfang erlebt das Baby die Welt wohl eher global mit vorwiegend zwei Empfindungen: Wohlfühlen und Nichtwohlfühlen. Alle seine Sinne funktionieren schon, aber wahrscheinlich in einer Art Synästhesie – so wie wenn Farben gleichzeitig als Klänge, Klänge gleichzeitig als Raum und Berührung und Sehen wie Fühlen wahrgenommen werden. So schildern es Dichter oft. Für einen ausgereiften Menschen, für uns, ist das kaum vorstellbar. Wir wissen jedoch, dass das Erleben des Babys von Anfang an sinnvoll ist, dass es ihm nicht wochen- und monatelang nur sinnloses Chaos übermittelt. Im Laufe der Tage, Wochen und Monate differenzieren, verfeinern sich sie Wahrnehmungen, sie werden »spezieller«, genauer.

Wenn das alles wäre, würde das Kind nun eine heillose Bruchstückwelt aus Einzelinformationen um sich und in sich erleben. Das Gegenteil jedoch ist der Fall. Wir können beobachten, dass es immer mehr begreift, Vorgänge, Handlungen, Gefühle im Zusammenhang erlebt. Dieses eben geschieht durch »Integration«. So geht in der Entwicklung Ähnliches vor wie oft in unseren Gedanken, wenn wir schwierige Probleme lösen wollen: Zuerst analysieren wir, das heißt, wir nehmen auseinander. Dann erst machen wir eine Synthese aus den einzelnen Denkstücken. Unsere Wahrnehmung arbeitet in gleicher Weise: Sie detailliert, nimmt genau wahr und fügt alle Wahrnehmungen, Sehen, Hören, Fühlen, Raumempfinden, Körperempfinden, zu einem Ganzen zusammen. Nur dass das alles nicht nacheinander, sondern gleichzeitig geschieht und doch immer ein Prozess ist, der uns weiterbringt. So verstehen wir, was mit uns und um uns vorgeht. In diesem Prozess ist der wichtigste Entwicklungsfaktor für ein Neugeborenes und Baby das geborgene Wechselspiel zwischen ihm und seiner Mutter. Ohne in das Gefühl der Sicherheit eingebettet zu sein, kann all das nicht ungestört ablaufen.

Unsere Unsicherheit verwirrt das Kind

Was ein Baby empfindet, wünscht, braucht, ändert sich manchmal in Sekundenschnelle. Wie hält die Mutter das aus? Schon nach einer halben Stunde müsste sie doch eigentlich fix und fertig sein – von den vielen Fragen, die sie sich stellt, und den Zweifeln an den richtigen Antworten und vielleicht auch ihrer Ängstlichkeit, die sie dabei empfindet.

Nun, sie muss es ja gar nicht *aushalten*. Sie kann es von ganz allein. Wenn sie in ihrem eigenen Empfinden in sich ruht, Sorge und Angst nicht ihre beherrschenden Gefühle sind, dann »weiß« sie einfach immer, wie sie reagieren und agieren muss. Nachdenken muss sie gar nicht erst. Sie nutzt selbst, ähnlich wie das Baby, unbewusst viele Ressourcen: ihre Intuition, ihr Entzücken über das Kind in ihrem Arm, ihre Neugier, ihre Lust, ihm etwas mitzuteilen, ihren dringlichen Wunsch, es zu verstehen, es wirklich gut zu verstehen. Aber fragen Sie sie nicht, was das ist, das sie da weiß und tut! Wieso weißt du denn, was Klein Fritzchen jetzt gerade braucht? Bildest du dir das nicht ein? Schon, wenn sie nun beginnt, darüber nachzudenken, kann alles durcheinander geraten. Sofort merkt das Baby, dass sie nicht mehr bei der Sache ist, dass sie sich mit jemandem anders beschäftigt, es fängt an zu weinen ... Nebenbei: Neugeborene erkennen nur das voll zugewandte Gesicht der Mutter. Sie sind bereits verunsichert, wenn sie ihren Kopf abwendet und ihm beim Sprechen das Profil präsentiert. Das zeigt, dass ein Baby die ganze Aufmerksamkeit und Zugewandtheit braucht.

Eine ähnliche Verunsicherung erlebt es, wenn seine Mutter oder sein Vater in latenter Ängstlichkeit über alles und jedes nachdenkt, jede Kleinigkeit in Frage stellt. War es nicht falsch, gleich mit dem Baby zu plaudern, nur weil es so herausfordernd geguckt hat? Sollten wir nicht lieber auf Zehenspitzen aus dem Zimmer gehen und die Tür zumachen? Warum weint es jetzt? Braucht es sein Fläschchen oder trockene Windeln? Nein, sicher friert es. Aber was ist denn das? Es wird ja ganz rot beim Schreien, und die Stirn fühlt sich heiß an. Schnell das Thermometer. Hat es nicht vorhin Zug bekommen?

Eltern, die sich nicht »wohl fühlen in ihrer Haut«, die in ständiger Beunruhigung und damit Unzufriedenheit leben, sehen dieses ganze Unwohlsein häufig beim Kind. Sie zaubern es ihrem Kind buchstäblich an. Sie können nicht mehr offen sein, offen wie eine Parabolantenne, die viele Signale auffangen kann.

So ähnlich läuft es ab, wenn Eltern zu ängstlich sind. Wo ist dabei das Baby geblieben? Ist es überhaupt noch da? Paradoxerweise ist diese Frage durchaus berechtigt, denn alle seine feinen und doch so ausdrucksstarken Appelle an die Mutter können von ihr jetzt gar nicht mehr wahrgenommen werden. Sie denkt viel zu besorgt über all ihre winzigen Handlungen und Reaktionen nach, sie ist sich ihrer zu bewusst, um noch in Sekundenbruchteilen angemessen auf ein Signal einzugehen.

Wer sich nichts zutraut, traut auch seinem Kind nichts zu

Es ist nicht nur überflüssig, sondern sogar hinderlich, wenn eine Mutter zu intellektuell mit ihrem Baby umgeht und ihrer Intuition nicht mehr vertraut. Bei jedem überlegten Erziehungsversuch, bei jedem Versuch, sich einem Ratgeberbuch oder -magazin entsprechend zu verhalten, würde sie die entmutigende Erfahrung machen, dass eigentlich nichts richtig passt. Das Kind verhält sich nicht so, wie es im Buch beschrieben ist, die ganze Situation war eigentlich anders, als sie hätte sein sollen, und ehe diese Mutter über ihr eigenes Handeln »vernünftig« entscheiden konnte, hatte sie (im besten Fall) schon reagiert – blitzschnell und gar nicht, wie ihre Sorge und der Ratgeber es ihr empfahlen.

Wäre sie nicht von vornherein so ängstlich, etwas falsch zu machen, würde sie in diesem Augenblick erstaunt bemerken können, dass ihre schnelle intuitive Reaktion durchaus die bestmögliche war. Das Baby, das sie einfach, ihrem ersten Gefühl folgend, hochgenommen, auf die Wange geküsst, über den ganzen Rücken gestreichelt und sanft schaukelnd, mit liebevoller Stimme getröstet hat, weint nicht mehr, sondern seufzt einmal, zweimal, tief Luft holend auf. Entspannt schaut es wieder in die Welt. Hätte sie dagegen erst über eine angemessene Erziehungsmaßnahme nachgedacht, wäre alles schief gelaufen. Das Baby hätte sich immer mehr in sein Weinen gesteigert und wäre dann kaum noch zu beruhigen gewesen. Aber gerade das, nämlich es zu beruhigen, hatte die Mutter doch erreichen wollen. Nur es wäre eben schon zu spät. Dies kleine, allen bekannte Beispiel zeigt, dass zu viel ängstliches Nachdenken im Umgang mit einem Baby und Kleinkind alles durcheinander bringen kann. So wie die Mutter dann ihre eigene Kompetenz nicht wahrnimmt, hat sie auch keine Antennen, kein Feingefühl mehr für die Kompetenz des Babys. Es versucht ihr doch die richtigen Signale zu geben, es zeigt deutlich, wie es sich fühlt.

So traut sie zum Beispiel dem Kind nicht zu, dass es seinen eigenen Wach- und Schlaf- und Lebensrhythmus finden kann. Und doch ist dies eine seiner wichtigsten Kompetenzen am Lebensanfang. Die Mutter eilt bei jedem kleinsten Laut herbei und nimmt das in Wahrheit vielleicht schlafende Baby hoch, ohne es erst einmal zu beobachten. Dieses aus einem Traum gerissene Kind wird dann erst anfangen, richtig zu weinen. Sein natürlicher Rhythmus ist gestört worden, und es findet sich nicht mehr zurecht. Und ebendiesen natürlichen individuellen Rhythmus kann das Kind hervorragend allein aufbauen, wenn man es nicht ständig daran hindert.

Unsicherheit, vielleicht sogar Ängstlichkeit der Mutter ist also in keinem Fall ein guter Ratgeber.

Zu viel Besorgnis lässt Eltern in ihren alltäglichen Bemühungen ertrinken. Sie hinken in allem atemlos, erschöpft, entnervt hinterher. Sie können gar nicht mehr daran denken, was ihnen vor und bei der Geburt ihres Kindes eigentlich wichtig war: ihm einen guten Start für das Leben in einer Familie, einer Gemeinschaft und für seine Zukunft zu ermöglichen. Sie hindern sich und das Kind daran, ihre positiven Kräfte zu entdecken.

So eingeengt von tausend Besorgnissen, können sie nicht gemeinsam Schätze ausgraben. Sie haben ja nie gelernt, ihre eigenen Stärken zu erkennen. Auch sie wurden nach dem Defizitmodell erzogen. Dies ist einer der Hauptgründe, warum junge Eltern ihrer eigenen Intuition nicht vertrauen. Sie sehen sich selbst als unzulänglich, als »defizitär« angesichts der Aufgabe, ein Kind aufzuziehen.

Es wäre so wichtig, dass sie ihrem Baby zu Beginn in seiner neuen Welt ein Gefühl der Sicherheit geben. Aber das läuft ja ihrer Unsicherheit genau zuwider.

Eigentlich müssten sie es doch überhaupt erst einmal kennen lernen. Dazu braucht es offene, freie Sinne – Feingefühl. Wer unsicher ist, dessen Antennen sind auf alles gerichtet, was Gefahr darstellen könnte. Die Wahrnehmung ist ganz davon besetzt, sie ist nicht mehr frei, den anderen Menschen zu erleben und mehr noch: mit ihm zu fühlen, sich an seine Stelle versetzen zu können. So verstellen Unsicherheiten den Blick. Sie geben Anlass zu Fehlinterpretationen und Missverständnissen. Wenn sie sich festsetzen und die Eltern nicht lernen, sich selbst besser und intuitiver zu vertrauen, werfen sie ihre Schatten auf die weitere Beziehung mit dem Kind und damit auf seine Entwicklung. Sie werden schließlich zu all denen gehören, die sich »aufopfern« und dabei erfolglos bleiben. Sie betrügen sich und ihre Kinder um die Freude und Genugtuung, die das Vertrauen in die gemeinsamen Stärken uns verschafft. Denn diese können wir hundertmal am Tag erleben – in ganz banalen, aber auch schwierigen Situationen.

Können Eltern ihre Unsicherheit besiegen?

»Ja, aber ...«, möchten mir jetzt viele zu Recht ins Wort fallen. Wie sollen sie es denn anstellen, ihre Selbstzweifel abzulegen? Tatsächlich ist das einfacher gesagt als getan. Denn sie sind häufig tief in uns verwurzelt. Und die besonderen Ängste um ein Kind haben ihren Ursprung meist in einem sehr geringen Selbstwertgefühl.

Es klingt vielleicht ein bisschen zu einfach zu sagen: Diese Eltern, die sich selbst nicht trauen und kaum etwas zutrauen, die von allen Seiten schlechte und rechte Ratschläge geradezu aufsaugen, leiden an dem Defizitdenken, das ihre Eltern oder Lehrer oder Erzieher ihnen früher vermittelt haben. Tatsächlich ist es aber so. Denn es müssen gar nicht irgendwelche schweren Kindsheitstraumen zu ihrem schwachen Selbstgefühl geführt haben. Es genügt die Erziehungs-Einbahnstraße, auf der die meisten von uns mit Gehorsams- und Zensurennormen gedrängt, vorangestoßen, -gezerrt wurden, die – bei Strafe! – keine oder nur wenig Fantasie, keine Abweichungen vom Wege, keinen Widerspruch und kaum Fragen zuließ, die unserer Entwicklung die Flügel stutzte. Damit erreichte sie, was sie uns dann auch noch ankreidete: Wir wurden nicht das, was wir hätten werden können. Wir sind wandelnde Defizite.

Eltern, die mit dieser Hypothek aufgewachsen sind und sich nicht früh genug – dank einer ausgestreckten Hand, die sie ergreifen konnten – aus ihren Fesseln befreit haben, bewerten sich selbst mit der Zensur »mangelhaft«. Sie haben es früher niemandem recht machen können. Immer hatten sie anders und besser sein sollen, als sie waren, und man hat ihnen gedroht, ihnen Angst und Schrecken eingejagt mit dem Buhmann, der Hexe, dem Kinderschreck, der sie holen würde, und wenn das nicht geschähe, würden sie später schon sehen, wie es ihnen heimgezahlt würde. Wie sollten solche Versager wie sie gute Eltern sein können! Sie sehen ihre Babys ständig in Gefahr, bedroht von außen oder von innen von ihren vermuteten Mängeln.

Für Menschen, die ein Kind erwarten oder gerade bekommen haben, ist es immer hilfreich, sich der eigenen Kindheit zu entsinnen. Es geht aber nicht darum, den eigenen Eltern ein gutes oder schlechtes Zeugnis auszustellen, sondern es geht darum, sich zu erinnern: Waren Sie ein Kind, das sich anerkannt fühlte? Anerkannt unter den anderen? Wie oft bekamen Sie von Ihren Eltern Lob und Anerkennung? Waren Ihre Eltern meist zufrieden mit Ihnen, trauten Sie Ihnen zu, Aufgaben selbst zu lösen, Dinge selbstständig zu machen, oder nahmen Sie Ihnen Sachen aus der Hand und sagten: »So kann das nichts werden«? Erlebten Sie Ihre Lehrer eher als ermutigend oder als entmutigend, unnachsichtig und unzufrieden mit Ihnen? Sahen Sie sich unter den anderen Kindern eher als Schwan oder als hässliches junges Entlein? Wagten Sie, andere um Hilfe zu bitten? Wie reagierten Ihre Eltern, wenn Sie sie um Hilfe baten?

Dies soll nur eine Richtung für Ihre Erinnerungsbemühungen geben. Vielleicht stellen Sie fest, dass Ihre heutigen Besorgnisse um das Baby und Ihr scheinbares Versagen als Eltern schon eine Vorgeschichte haben, dass Sie nie die Möglichkeit hatten, viel Selbstvertrauen zu erlangen, weil niemand anders wirklich grundsätzliches Vertrauen in Sie setzte.

Hier können Sie beginnen, die Schicksalskette zu zerbrechen und sich zu sagen: »So soll sich mein Kind nicht fühlen. Es soll sich wertvoll fühlen, weil ich es so sehe und ihm zeige, wie besonders es ist. Es soll Vertrauen in sich bekommen, denn auch ich darf heute Vertrauen zu mir haben. Früher hat man es mir einfach nicht erlaubt. Aber jetzt bin ich selbst Mutter (Vater), ich hatte die Fähigkeit und Stärke, ein

Kind auszutragen und zur Welt zu bringen, und ich habe auch die Fähigkeit, ihm das an Gefühlen und Versorgung zu geben, was es braucht.« Kann es eine stärkere Motivation geben, sich selbst zu ändern?

Wenn Sie noch schwanger sind, suchen Sie sich eine erfahrene Person – eine Hebamme, einen Arzt, jemanden in einer Familienberatungsstätte –, mit der Sie in Ruhe und vertrauensvoll über alles, was Sie jetzt beschäftigt, reden können. Geben Sie sich nicht zufrieden, wenn Sie nicht gleich die richtige Gesprächspartnerin finden. Nehmen Sie an Schwangerschaftsvorbereitungen, die immer auch Entspannungsübungen enthalten, teil. Lassen Sie sich nicht den Kopf voll stopfen und verdrehen mit tausend schlauen Ratschlägen. Mutter (Vater) sein muss man nicht studieren. Vertrauen Sie darauf, dass Sie mit Ihrem Kind zusammen als Mutter geboren werden. Sie können es liebevoll ansehen, im Arm halten, ihm Nahrung geben, meist sogar es problemlos selbst stillen.

Und wichtiger und wirksamer noch: Da Sie beide, eine Frau und ein Mann, gute Eltern sein wollen, ermutigen Sie sich gegenseitig, wo Sie nur können. Sie müssen es nicht kindisch finden, in sich wechselseitig das auch für Sie selbst notwendige Stärke- und Vertrauensmodell aufzubauen. Finden Sie alles an Ihrem Partner heraus, was ihn zu einer guten Mutter und einem feinfühligen Vater prädestiniert. Üben Sie sich selbst in Feinfühligkeit gegeneinander. Unterstützen Sie sich gegenseitig in einem positiven Selbstbild und Selbstvertrauen. Das Stärke- und Vertrauensmodell – wie wir es im weiteren Verlauf noch mehr kennen lernen wollen – ist auch für Partner die beste Basis, die beste Lebensform für eine Beziehung. Wollten Sie Ihrem Mann heute Morgen gerade sagen, er müsse sich nun aber wirklich ändern, dies und das und jenes an ihm sei wirklich nicht akzeptabel? Vergessen Sie es. Sie werden entdecken, Sie können weiter ganz gut mit ihm leben, wie er ist, wenn Sie stattdessen einmal seine

Schätze ausgraben. Wie geschickt er mit seinen Händen ist! Da wird er gut mit einem winzigen Kind umgehen können. Hat er nicht vorgeschlagen, gemeinsam etwas zu unternehmen, haben Sie nicht zusammen beim Bummel über den Markt Spaß gehabt, wie Kinder? Da wird er sicher ein Vater sein können, der auch mit seinem Baby oder Kleinkind Spaß hat, der Anregungen gibt, Fragen beantwortet und später seiner schulreifen Tochter das Schachspielen beibringt. Er seinerseits mag denken: Hat seine Frau ihn nicht vorhin mit einem Blick angesehen, der ihn dahinschmelzen ließ, hatte sie nicht wieder mal seine geheimsten Wünsche entdeckt und heute Morgen ihm genau die Freude gemacht, die er gebraucht hatte? Was für eine zärtliche, liebevolle Mutter wird sie sein, voller Intuition für die Bedürfnisse eines Babys. So ähnlich, und natürlich ein bisschen einfallsreicher als hier vorgeschlagen, könnten angehende Eltern ihr Stärke- und Vertrauensmodell proben. Dabei verlieren sie auch einiges von ihrer Ängstlichkeit, sie lernen sich selbst mit den Augen des Partners positiver zu sehen.

Und das werden sie brauchen können. Denn ein Kind kommt nicht in die Welt, um sie in ihrer Beziehung zueinander zu stützen und zu festigen. Es kommt nicht, »um seine Eltern in ihrem Tun zu bestätigen. Es kommt, um alles in Frage zu stellen«, um tausend Fragen zu stellen, schreiben die Entwicklungspsychologen Karin und Klaus Grossmann. »Man könnte meinen«, erklären sie, »das Kind komme in erster Linie, um bei ihnen zu prüfen, ob sie für ihre eigenen Ängste, die sie als Kinder hatten, eine befriedigende Lösung gefunden haben.«[15] Eltern tun gut daran, sich für die Geburt eines neuen Erdenbürgers gut zu rüsten. Denn sie bekämpfen damit nicht nur ihre eigenen Ängste, sie brauchen so auch Unerwartetes nicht zu fürchten. Der Wert des »Arbeitsmodells Vertrauen und Stärke« ist ja insbesondere, Menschen auf Unerwartetes vorzubereiten, es nicht fürchten zu müssen. Dazu reichen die besten Verhaltensmaßregeln nicht aus.

Bei allem weiteren wird das Kind Ihnen jedoch helfen, die ursprüngliche Unsicherheit zu überwinden. Wird es nicht ruhig, wenn Sie es hochnehmen, an Ihre Schulter legen und ihm zärtlich über den Rücken streichen? Ja, es wird ruhig! Lächelt es Sie nicht an, wenn Sie sich über es beugen und freundlich nickend ermutigend zu ihm sprechen: »Na, da ist ja mein Kleiner!« usw.? Finden Sie heraus, womit Sie bei ihm Erfolg haben. Einen Teil Ihrer Ängste werden Sie dabei verlieren. Das Kind wird Ihnen zeigen, dass Sie eine gute Mutter (ein guter Vater) sein können.

Aber da gibt es noch all die anderen beunruhigenden Fragen wegen der Ernährung, der Hygiene, dem Schlaf, der Entwicklung! Für diese Fragen und Sorgen gibt es kein besseres praktisches Rezept, als sich in Gruppen mit anderen Eltern und ihren Babys regelmäßig zusammenzufinden. Da kann man zusammen reden, sich austauschen, gemeinsam spielen, und am besten ist es, wenn, wie bei den so genannten PEKiP-Gruppen,[16] noch eine geschulte Person dabei ist, die der Gruppe Anregungen gibt und Fragen beantworten kann, ohne die Eltern zu gängeln und zu bevormunden. Ängstliche Eltern werden bald feststellen, dass sie nicht unzulänglicher als andere sind und dass jedes Kind für alle Eltern ein Erlebnis ist, ein ganz neues Erlebnis. Da kann einem schon manchmal der Atem stocken, so überwältigend ist es.

Wie auch immer die Situation sein mag, können Eltern, wenn sie die Chance haben, zu zweit zu sein, sich stets aufs Neue gegenseitig ermutigen und anerkennen. Sie sollten davon ganz bewusst Gebrauch machen. Auch sie können sich noch einmal neu daran machen, ihre Schätze auszugraben. Ihrem Baby zuliebe. Es wird ihnen umso leichter fallen, je mehr sie sich beide auf das Kind einlassen, denn das hilft ihnen.

Kommunikation – das A und O

Ist Sprache nur Sprechen?

Bei einem Kind ist alles Sprache, meinte die Kinderanalytikerin Françoise Dolto.[17] Wir verstehen sofort, dass sie den Begriff »Sprache« weiter fasste, als wir es für gewöhnlich tun. Es geht nicht nur ums Sprechen, wenn Menschen sich etwas mitteilen. Alle Menschen kommunizieren über viel mehr als Worte. Und wir täten gut daran, auch bei denen, die der Worte sehr wohl mächtig sind, auf mehr zu »hören«. Unser Verstehen wäre dadurch um vieles erweitert. Für Babys gilt das ganz besonders, denn sie sprechen vor allem mit ihrem Verhalten, ihrer Mimik, ihren Blicken, ihrer Haltung und ihren Bewegungen, ihren Lauten, ihrer Erregung oder Ruhe, ihrer Aktivität oder Passivität, ja sogar mit ihrer geröteten oder blassen Hautfarbe.

Wenn wir in der Kommunikation mit Babys reichlich Worte, kleine Sätze in melodischen Wiederholungen benutzen, so sollten wir wissen: Das Baby versteht uns, egal wie alt es ist, aber es versteht uns vor allem durch das Verhalten, in das diese Worte und Satzmelodien eingebettet sind. Verbale Sprache und Verstehen lernt es nämlich genau dadurch. Denn nach und nach wird ihm immer deutlicher und klarer, was die wiederkehrenden Worte bedeuten, die dies ermunternde oder jenes tröstende Verhalten begleiteten. Es bringt sogar schon aus dem Mutterleib eine gewisse Erfahrung in Sprache mit, denn es hat im letzten Drittel der Schwangerschaft bereits die Stimmen der Eltern und andere Geräusche gehört und im Körper der Mutter ihr Verhalten dabei wahrgenommen. Mütter und Väter wissen durch ihr biologisches Urerbe, ihr »Elternprogramm«, dass auch sie ähnlich wie das Baby durch ihr ganzes Verhalten kommunizieren. Zwischen Eltern und Kind werden in beiden Richtungen ununterbrochen Signale ausgetauscht. Beide Partner wissen, wie man das macht, ohne darüber nachdenken zu müssen. Das jedenfalls gilt für den Anfang, wenn das Baby gerade auf der Bühne der menschlichen Kultur erscheint.

Auch später bleibt noch ein Teil dieser von Nachdenken- und Lernenmüssen unbeschwerten Kommunikation erhalten, wenn die Voraussetzungen, die ich im Vorangegangenen geschildert habe, angemessen erfüllt worden sind.

Es leuchtet doch ein, dass uns das »Kennenlernen«, von dem hier die Rede war, jetzt unschätzbare Dienste erweist. Wie viel leichter ist es bei einem nunmehr vielleicht vierjährigen Kind, Worte und Verhaltenssprache richtig zu verstehen und selbst sinnvoll einzusetzen, wenn wir ihn oder sie von den ersten Lebensstunden an in Ruhe und in all seinen kleinen, aber wichtigen Eigenheiten kennen gelernt haben. Das Gleiche gilt für das Mitgefühl.

Wie viel leichter unter diesen Bedingungen die Kommunikation später noch sogar mit unseren Dreizehn-, Vierzehnjährigen ist, können Eltern und Kinder berichten, deren Beziehung in echtem Mitfühlen gewachsen ist. Wer sich mitfühlend an die Stelle eines anderen Menschen, seines Kindes zum Beispiel, versetzen kann, hat wenig Mühe, ihm sein Anliegen verständlich zu machen. Das Mitgefühl schafft im anderen einen fruchtbaren Boden, um zu hören (was nicht selbstverständlich ist!), zu verstehen und die Botschaft zu akzeptieren. Zum Beispiel: »Ich versteh ja, dass du abends gern noch länger mit deinen Freunden draußen sein möchtest. Vielleicht verstehst du auch mich, wenn ich mir dann Sorgen mache. Bitte, sei also um zehn Uhr etwa zu Hause.« Es macht den ganzen Unterschied für ein Kind, den elterlichen Wunsch zu respektieren, weil es sich liebevoll verstanden weiß, oder zu gehorchen, weil ihm etwas befohlen wird.

Häufig bekommen Sie den Rat: »Sprechen Sie darüber mit Ihrem Kind!« Ja, gut, nur wie denn, wenn das Kind gar nicht »hört«, geschweige denn antwortet? Dann bekommen Eltern den Eindruck, das Kind mache sich über sie lustig, tanze ihnen auf der Nase herum, es denke: »Lass die Alten nur reden ...«

Dies ist kein Randproblem. Dass Eltern glauben, Kinder hören und verstehen sie nicht, und Kinder glauben, Mutter oder Vater sei es ziemlich gleichgültig, was Lieschen oder Hänschen ihnen wirklich mitzuteilen hätten, ist gang und gäbe. Kommunikationsstörungen oder sogar -abbruch kennzeichnen heute familiäre Beziehungen ebenso wie gesellschaftliche, obwohl doch in unserer »schönen (kühnen) neuen Welt« (*brave new world*) von kaum etwas so viel die Rede ist wie von Kommunikation und ihrer zentralen Bedeutung, egal, ob es nun um den Weltfrieden oder Geschäfte geht. Niemand weiß, was damit gemeint ist, und niemand weiß, wie das gehen soll.

Wie Kommunikation beginnt

Wir müssen also verstehen, wie Kommunikation anfängt, wie sie zustande kommt. Sehen wir uns zunächst an, wie Tiere sie bewerkstelligen, denn sie können ja nicht sprechen. Wenn wir beobachten, wie sie miteinander umgehen, um sich etwas mitzuteilen, können wir viel über den Beginn der Kommunikation lernen. Sie übermitteln sich Botschaften in vielfältiger Weise und beziehen sie in ihr gesamtes Verhalten miteinander ein, nicht nur in die Laute, die sie hervorbringen. Je höher sie entwickelt sind, desto mehr sind sie zum Überleben darauf angewiesen, desto weniger spulen sie nur ein ererbtes Instinktprogramm ab. Darum sind sie umso stärker im Überlebenskampf, je mehr sie sich einer sich wandelnden Welt anpassen und flexible Verhaltensweisen entwickeln. Der amerikanische Gehirnforscher Paul MacLean begründet in seinem Buch *Das dreieinige Gehirn*, inwiefern das entwicklungsgeschichtlich »neue« Säugergehirn, das limbische System, allgemein auch Gefühlsgehirn genannt, gegenüber dem evolutionär »älteren« Gehirn den ungeheuren Vorteil bot, über Gefühle und emotionale Erkenntnis (Kognition) echte Entscheidungen treffen zu können, also nicht mehr nur instinktiv oder reflexartig zu reagieren.[18] Der Forscher zeigt, dass diese Fähigkeit große existenzielle Vorteile bot und den Säugetieren die Möglichkeit zu einer höheren Entwicklung eröffnete. Es überlebten vor allem diejenigen, die beispielsweise bei Gefahr angemessen entschieden, ob Angriff oder Flucht sinnvoll waren, die lernen konnten, sich nicht nur möglichst geschickt Nahrung zu verschaffen, sondern die sich ausgiebig liebevoll ihrem Nachwuchs widmeten, die vorteilhaftes Verhalten imitierten und ihren Artgenossen Vorbild sein konnten, das heißt, die Verhalten, Körpersprache und Mimik (bei den höheren Säugetieren) kommunikativ einsetzten.

Ein konkretes Beispiel aus meiner eigenen Anschauung: Eine Katze, die auf ihrer Suche nach einem angemessenen Zuhause in mein auf dem Lande gelegenes Heim in Südfrankreich schneite, bekam gleich am ersten Tag bei mir zwei gut genährte Kätzchen. Sie versorgte sie liebevoll, wie man es so von Katzenmüttern kennt, mit viel Lecken, viel Säugen, viel Wachsamkeit und Streitbarkeit gegen meinen von ihr als gefährlich eingeschätzten dicken, großen Hauskater. Und sie war fast immer präsent. Sie zeigte sogar kätzisches Mitgefühl mit zwei fremden Katzenbabys, obwohl sie ihren eigenen Jungen völlig unähnlich, aber unübersehbar am Verhungern waren. Ich hatte ihr die verwaisten Kätzchen auf Bitten unseres Tierarztes, der sich keinen anderen Rat wusste, ins Körbchen gelegt in der Hoffnung, sie würde es schon richten. Zuerst hielt sie mit ihrem Missfallen über die unangenehm riechenden Bälger nicht hinterm Berg: Sie knurrte drohend. In einer dieser ersten Nächte glaubte ich, sie würde den unerwünschten Familienzuwachs umbringen. Ich sah, wie sie einen der schwarzen kleinen Mickerlinge zu mir ins Zimmer unter den Nachttisch trug. Wie sehr ich mich doch täuschte! Statt ihn einfach wie eine Maus totzubeißen, war sie offenbar mit der Absicht zu mir gekommen, diesem besonders erbärmlichen Baby eine exklusive Sonderpflege angedeihen zu lassen. Sie legte sich auf die Seite, schubste das Kleine mit ihrer Pfote an ihren Bauch und ließ es ausgiebig trinken, dann leckte sie es vollständig ab und säugte es weiter.

Das war nicht das Überraschendste. Später, als die Kätzchen selbstständiger wurden, brachte sie ihnen das Jagen bei. Sie ging dabei richtig pädagogisch vor, wie überhaupt in ihrer ganzen – übrigens völlig gewaltfreien – Erziehung, viel besser als viele Menschenmütter bei einfacheren Aufgaben. Dazu führte sie ihre vier Kinder im Schlepp hinaus auf das busch- und krautreiche Grundstück. Wenn sie eine geeignete Beute ausgemacht hatte, lauerte sie so lange geduldig, bis sie

sie schnell und präzise schnappen konnte, die Kleinen reglos aufmerksam drumherum. Die Beute, eine Maus zum Beispiel, schleppte sie, gefolgt von den Kindern, ins Haus. Hier teilte sie das bedauernswerte Beutetier zunächst einem der Kleinen zu. Es durfte sich eine Weile damit amüsieren. Die Geschwister und die Mutter saßen daneben und guckten zu. Danach war ein anderes dran, und so fort. Erstaunlich fand ich vor allem, wie sie die Spielregeln beachteten, denn natürlich lief allen die Spucke im Munde zusammen. Unter Menschenkindern wäre da sicher gleich der schönste Streit ausgebrochen. Am Ende durfte eines der Kätzchen die Maus auffressen, wobei die anderen ohne jede Aggression oder sichtbaren Neid zuschauten. Ich habe auch später bei allen, einschließlich dem älteren Kater, solch respektvolles Verhalten beobachtet. Wenn einer oder eine von ihnen mit einer Beute ins Haus kam, war diese für die anderen tabu. Alle andern waren zwar immer sofort interessiert zur Stelle und hätten natürlich keine Maus entkommen lassen. Aber nie machten sie dem Jäger die Beute beim Auffressen streitig.

Wie hatte die Katzenmutter ohne Sprache und mit der geringen ihr zur Verfügung stehenden Mimik dieses Erziehungswunder, auf das manche Menschenmutter eifersüchtig sein könnte, fertig gebracht? Wie überhaupt brachte sie mit nur sehr seltenem Fauchen, leichten Klapsen und sehr zarten kleinen Bissen ihre Kinder zu einem so sozialen, kooperativen und unaggressiven Benehmen? Ich sah auch, dass es bei ihr praktisch keine über einen kurzen Moment hinausgehende Strafen gab. Nie schien sie irgendein ungezogenes Verhalten persönlich zu nehmen. Nie schien sie zu vergessen, dass sie es mit Babys und Kleinkindern zu tun hatte. Klar, dass die sie nicht absichtlich ärgern, sondern höchstens zum Spielen auffordern wollten. (Manchen Eltern, die behaupten, ihr Baby versuche, sie zu manipulieren, wünschte man diese Einsicht!) In ihrem Gefühl schien es kein »Bösesein« auf die Kleinen zu geben. Trotzdem zeigte sie natürlich unmissverständlich, was sie störte oder ihr nicht passte. Zum Beispiel, als es darum ging, sie zu entwöhnen.

Ich weiß, dass durchaus nicht alle Katzenmütter so mit ihren Jungen umgehen. Es ist nicht einfach Instinkt, der sie und die Kleinen treibt. Die Mütter haben von ihren Müttern liebevolles, kluges, vernachlässigendes, aggressives oder ablehnendes Verhalten gegenüber Artgenossen *gelernt*. Ihr soziales Verhalten ist durchaus unterschiedlich, je nach der Erziehung, die sie erhalten haben.

Mich interessiert das also sowohl wegen des offenbar »bildbaren«, das heißt lernbaren, Mitgefühls als auch wegen der Kommunikation, die ohne verbale Sprache auskommt. Der Austausch der Signale zwischen Mutter und Kindern und umgekehrt funktionierte bei meinen Katzen aufs Subtilste. Und damit zeigte diese Katzenmutter, Minouche heißt sie übrigens, ein Verhalten, das Spezialisten für Entwicklungspsychologie als eine der wichtigsten Qualitäten im Bindungsverhalten von Müttern bezeichnen: nämlich *Feinfühligkeit*.

So viel zu den Säugetieren, von denen wir unendlich viele nützliche Aufschlüsse über unser eigenes Verhalten bekommen können, wenn wir sie geduldig beobachten.

Verhalten kann also Kommunikation sein. Die erste Sprache zwischen einem Baby und seiner Mutter sind Gefühle. Darum ist diese Art der Kommunikation von großer Bedeutung. Sie bietet zwei Vorteile: Erstens, sie ist nicht unbedingt auf Worte angewiesen, wird aber beim Menschen von einer besonders melodischen Sprache und ausgeprägter Mimik begleitet. Für Unbeteiligte wirkt sie oft fast übertrieben. Der zweite Vorteil: Sie wird sofort, sehr direkt und teilweise unbewusst (und gar nicht intellektuell) benutzt und verstanden.

Was Kinder brauchen, um »Sprechen« zu lernen

Zum Kennenlernen eines Neugeborenen ist diese Kommunikation unschätzbar. Neben *Feinfühligkeit* setzt eine Menschenmutter dabei noch zwei andere besonders wertvolle Eigenschaften ein: *Verlässlichkeit* und *Vorhersehbarkeit*. Die Zuverlässigkeit in ihrer Fürsorge und Aufmerksamkeit sowie die Vorhersehbarkeit der mütterlichen sich wiederholenden Aktionen oder Reaktionen im Zusammenspiel mit dem Baby helfen ihm *zu verstehen*. Nach und nach kristallisiert sich so die Bedeutung der Handlungen, Worte und Gesten heraus. Von Anfang an und über die folgenden Wochen und Jahre hilft sie dem Kind, seine *resilience*, seine innere Stärke und Widerstandsfähigkeit zu entfalten. Es erfährt zum Beispiel, wie es geliebt wird, wie es seinen Eltern vertrauen kann, für wie stark, klug und hübsch sie es halten. Es erfährt, dass sie es respektieren, es ernst nehmen, es verstehen, dass vieles, was es tut, ihnen Freude und anderes Ärger macht. Es lernt, dass sie es trösten werden, wenn es Kummer oder Schmerzen hat, und es lernt, dass es Grenzen gibt, zum Beispiel, dass es anderen nicht wehtun darf und vieles mehr. Je konsequenter die Eltern sich in ähnlichen Situationen selbst treu bleiben, desto leichter wird es für das Kind, sie zu verstehen und die Zusammenhänge zu erfassen.

Das kann für ein Kleinkind schwieriger sein, als es sich die Erwachsenen vorstellen. Der Entwicklungspsychologe Jerome Kagan hat dafür ein Beispiel gegeben, das ich besonders einleuchtend und amüsant finde. Ein kleiner Junge, der seine Mutter bei der Arbeit mit der Wäsche einen ganzen Tag lang beobachtet hat, steht plötzlich vom Spielen auf, greift sich einen Haufen frisch gebügelte Wäsche und geht schnurstracks damit zum Wasserklosett. Er wirft sie hinein und betätigt die Spülung. Die Mutter ist außer sich und straft und schilt ihn besonders hart. Sie verhält sich ganz anders, als sie es für gewöhnlich tut. Normalerweise geht sie davon aus, dass ihr Kind »lieb« ist, lieb zu ihr, also keine schlechten Intentionen hat. Darum erklärt sie ihm sonst in ähnlichen Situationen, was es anders machen muss und warum es etwas anders machen muss.

Der Junge ist lange Zeit vollkommen verstört. Die Mutter nimmt sich vor, nicht wieder so heftig zu reagieren, wenn er etwas Dummes macht. Ein paar Tage vergehen, die Mutter hat wieder ihren Waschtag und der Kleine spielt neben ihr. In ihm ist ein Entschluss gereift: Trotz seiner Angst vor Strafe wiederholt er die Sache mit dem Klo noch einmal. Er will verstehen, was »falsch« war. Diesmal straft ihn die Mutter nicht, sondern sie erklärt ihm, dass saubere Wäsche im Klo schmutzig wird. Von nun an wiederholt der Junge seine Handlung nie wieder. Erst jetzt hat er verstanden, und genau das wollte er nach der harten Strafe beim letzten Mal. Auch die Mutter hat inzwischen einiges begriffen. Warum hatte sie nicht gleich daran gedacht, dass ihr kleiner Sohn ihr helfen wollte! Die Waschmaschine konnte er nicht betätigen, also hatte er sich ein anderes Gerät ausgesucht, in dem das Wasser rauscht. Die Mutter hatte noch etwas gelernt: Es war wichtig, dass sie sich jedes Mal versicherte, dass ihr Kind sie wirklich richtig verstanden hatte. Normalerweise war sie in ihrem Verhalten für das Kind vorhersehbar gewesen, an diesem einen Tag hatte sie in einer völlig ungewohnten Weise reagiert. Wie sollte der Kleine das verstehen?

Jede verstandene Botschaft im Austausch zwischen Mutter und Kind und umgekehrt stärkt sein Selbstvertrauen und sein Vertrauen in andere. So wird ein wichtiger Grundstein in einem Menschen gelegt. Wenn wir so jemandem später begegnen, wie Antonia, dem Mädchen aus dem Bus, zum Beispiel, dann denken wir vielleicht insgeheim: »Der (oder die) ist einfach unbesiegbar. Toll!«

Die Eltern ihrerseits bekommen vom Baby und dem größeren Kind ohne Verbalsprache alle notwendigen Informationen. Das Kind »spricht« mit jeder seiner Verhaltensweisen zu ihnen. Manche geben nur kleine Hinweise, wie »ich bin müde, habe Hunger«, andere sprechen Bände mit ihrer Körpersprache, Mimik und ihrem Handeln oder ihrer Passivität. Sie geben uns Botschaften, wir müssen nur bereit sein, sie aufzunehmen. Ohne Worte können sie sagen: »Ich fühle mich einsam, vernachlässigt, du verstehst mich nicht, warum bist du heute so und morgen so zu mir?«, und so weiter.

Botschaften beim Spielen

Auch wenn Kinder spielen, ist es so. Dann teilen sie uns manchmal viel mehr mit, als sie mit Worten ausdrücken können. Ich sah ein kleines Mädchen, zwischen drei und vier Jahre alt, die mit ihrer Puppe spielte. Eine Weile gab sie ihr zu essen, sprach mit ihr, kämmte ihr liebevoll die Haare, dann begann sie, sie zu schelten und zu schlagen. Mit den Worten »So, zur Strafe kommst du jetzt ins Bett!« beendete sie die kleine Szene. Wenn die Eltern sie bei diesem Spiel beobachteten, sagten sie: »Leonie, so geht man doch nicht mit seiner Puppe um!« »Mit Kindern aber wohl«, dachte ich bei mir. Diese Eltern hatten die im Spiel ausgedrückte Botschaft ihrer Tochter nicht verstanden. Sie waren schockiert über etwas, das sie bei sich selbst gar nicht wahrnahmen. Ein Beispiel, das zudem zeigt, wie Mangel an Mitgefühl (in diesem Fall das der Eltern für ihre Tochter) Verstehen im Keim erstickt.

Eine Mutter berichtete mir völlig ratlos, dass ihr zweijähriger Benjamin andere Kinder kratze und beiße. »Woher hat er das nur?«, fragte sie mich und sich selbst. »Ich versuche doch, ihm zu erklären, dass er damit den Kindern wehtut. Aber es ändert nichts an seinem Verhalten. Mein Mann meint, er müsste ihn härter strafen.«

Zu ihrer Überraschung gebe ich der Mutter zu bedenken, dass der Junge ihr offensichtlich etwas mitteilen will. In Worten kann er es noch nicht ausdrücken. Mir scheint, sein Verhalten ist ein Hilferuf: »Mama, bitte, merkst du denn nicht, was mir fehlt! Was mir Angst macht, was mich wütend macht! Sieh doch endlich mal her, Mama, hilf mir!«

Das Kind fragt sich vielleicht, warum es mit anderen Mitgefühl haben soll, ihnen nicht wehtun soll. Ihm wird doch wehgetan! Vielleicht sogar von den Eltern. An den Eltern ist es, sich zu fragen, was das sein könnte. Es muss ja kein körperlicher Schmerz sein, durch körperliche Strafen zum Beispiel. Vielleicht haben oder zeigen sie wenig oder kein Mitgefühl für seelische Schmerzen, vielleicht fühlt es sich allein, verlassen, nicht sicher, ob seine Eltern es überhaupt lieb haben (vielleicht sind sie sehr beschäftigt mit ihrer Arbeit oder sich selbst), oder es erfährt nicht genug, was es für sie bedeutet. Solche Empfindungen haben Kinder auch, wenn plötzlich eine Schwester oder ein Bruder geboren wird und die Eltern nicht merken, was in ihrem älteren Kind vorgeht.

Ein Kind kann nicht zeigen, wie lieb und liebevoll es ist, wenn es sich bedroht fühlt. Bestimmt hat der kleine Benjamin seinen Eltern schon andere Signale gegeben, andere Botschaften übermittelt. Da sie offenbar nicht bemerkt oder nicht verstanden wurden, musste er zu stärkeren Mitteln greifen. Andere Kleinkinder in dieser hilflosen Situation reißen sich selbst gelegentlich die Haare aus, quälen kleine Tiere, zerstören ihr Spielzeug oder das anderer Kinder, beginnen nachts wieder das Bett nass zu machen. Alle Strafen und alles negativ abweisende Verhalten ihnen gegenüber verstärken diese Signale noch. Ein Kind, das sich zu Hause nicht geliebt und geborgen fühlt, das häufig abgewiesen wird, zu dem Eltern sagen, sie hätten es lieb, ihm aber gleichzeitig körperlich oder seelisch wehtun, zieht sich auch im weiteren sozialen Umfeld zwischen anderen Kindern immer wieder negative Erfahrungen zu. Schnell wird ein unauflöslicher Teufelskreis daraus. Gegenseitiges Verstehen wird zerstört. Und dann ist Kommunikation irgendwann einmal unmöglich geworden. Meistens merken Eltern das erst, wenn ihre Kinder in die Schule oder ins Pubertätsalter kommen. Sie können dann nicht richtig lernen (ohne Verstehen geht das nicht) und finden keine Freunde. Es gilt vorzubauen.

Von dem Zeitpunkt an, wo diese Mutter, die ihr Kind ja wirklich liebte, ihm zeigte, dass sie seine Botschaft verstanden hatte, verschwand das aggressive Verhalten des Jungen. Denn ihr Verstehen zeigte ja auch gleichzeitig, dass sie Mitgefühl hatte, dass sie herausfinden wollte, was ihm so zu schaffen machte. Als Erstes nahm sie sich nach der Arbeit mehr Zeit für ihn. Sie sagte ihm, dass er sie jeden Abend eine Viertelstunde »ganz für sich allein« haben würde. Ihr Mann half ihr und strafte den Jungen nicht mehr. Benjamin fühlte nun, dass er für seine Mutter etwas Besonderes war. Er begann in dieser Zeit mehr, sich mit Worten auszudrücken, und machte in seiner Entwicklung einen Sprung nach vorn.

Die Schätze, die diese ebenso wie andere Kinder in sich haben, können Eltern nur aufspüren, wenn sie Kommunikation so früh wie möglich, schon vom ersten Lebenstag an, mit dem Kind üben. Feinfühliges Handeln und Verstehen sind bereits Sprache. Wenn wir sie benutzen, und das können fast alle Eltern, lernt das Kind sie im Handumdrehen und wird auch später mit Worten gut umgehen.

Mit Worten kommunizieren

Wenn die gesprochene Sprache stärker in den Vordergrund tritt, können wir Kommunikation noch besser nutzen, um alle Eigenschaften des Stärke- und Vertrauensmodells zu fördern: Mitgefühl, Hoffnung, Optimismus, Selbstwertgefühl, Respekt für andere und Kooperation. Eine gute Kommunikation kann es leichter machen, Probleme zu lösen, Gefahren angemessen entgegenzutreten, einzuschätzen, wann man etwas wagen darf und wann nicht, Sinn in seinem Leben zu erkennen und es »selbst in die Hand zu nehmen«, das heißt, Verantwortung und Kontrolle über sein Leben zu erreichen.

Das hört sich wunderbar an. Nur leider gelingt es auch Eltern mit den besten Absichten nur selten. Schlechte Kommunikation mit ihren Kindern ist das, worüber sie sich besonders häufig beklagen. Merkwürdig, dass Jugendliche den Eltern den gleichen Vorwurf machen!

Manchmal darum, weil Mutter und Vater nicht bedenken, dass etwas zuerst einmal da sein, gezeigt werden muss, bevor man darüber was auch immer mitteilen kann. Ich kann nicht über Schnee mit einem Kind reden, das in den Tropen lebt und gar nicht ahnt, was das ist. All diese Kompetenzen, die ich eben aufgezählt habe, existieren ja für ein Baby und Kleinkind überhaupt erst dadurch, dass die Eltern sie ihm zeigen, sie sie ihm mit ihrem eigenen Verhalten vierundzwanzig Stunden am Tag vorführen. Weil sie Mitgefühl zeigen, Trost geben zum Beispiel, erfährt ein Kind, was Mitgefühl ist: durch sein Erleben nämlich, ermöglicht durch die Menschen, die ihm am wichtigsten sind. Wenn es diese Erfahrung gemacht hat, kann auch ein vierzehn Monate altes Baby verstehen, was die Mutter ihm mitteilt, wenn sie einem anderen weinenden Kind tröstend über den Kopf streicht und dabei zu ihrem Kind gewandt sagt: »Sieh mal, ganz lieb mit Florian sein.«

Das soziale »Zusammen Handeln«, die Interaktivität mit der Mutter, motiviert das Kind zur kulturellen Leistung Sprache. So darf nicht verwundern, was uns doch immer wieder erstaunt: wie gut sich schon kleine Kinder sprachlich über Gefühle unterhalten können. Gefühle sind das, was sie im gemeinsamen Handeln mit der Mutter am meisten austauschen. In den ersten anderthalb Jahren verbringt das Kind den größten Teil seiner Aktivität in sozialem und kommunikativem Verhalten. Das wichtigste »Werkzeug« für es sei dabei ein anderer vertrauter Mensch, erklärt der Kindersprachspezialist Jerome Bruner.[19] Wenn dieser Mensch unaufmerksam ist und nicht auf das Kind reagiert, sei das eins der negativsten Verhalten, das man ihm antun könne.

Entsprechend verhält es sich auch mit Respekt, Selbstvertrauen, Hoffnung, Optimismus und Kooperation.

Eine andere Sache ist, dass Eltern, wenn sie mit ihren Kindern sprechen, sich nicht oft genug fragen, ob sie mit ihren Worten (Botschaften) wohl gerade ihrem Ziel näher kommen oder ob sie dabei sind, es sich selbst zu verbauen. Das Letzte tun sie nämlich häufig, wenn sie zum Beispiel ziemlich wütend oder einfach enttäuscht sind. Ihre starke emotionale Erregung ist ihnen dann im Weg. »Nie kannst du dein Zimmer aufräumen«, schleudern sie der zehnjährigen Emma entgegen. Allein schon das »Nie« in Verbindung auch noch mit »Können«, sind verallgemeinernde Diskriminierungen, die jeden weiteren Dialog unmöglich machen. Schlimmer noch ist es, wenn Kinder gar geschlagen werden. Ihr Denken setzt dann augenblicklich aus.

Ich sage nicht, dass es leicht für Eltern ist, solche Dinge zu beherzigen, aber sie können etwas dazu tun, dass ihre Kommunikation effektiver wird und wirklich ihrem Ziel dient, die inneren Kräfte und das Vertrauen ihres Kindes zu stärken.

Wie Eltern besser kommunizieren lernen

Eine nützliche kleine Übung für Eltern wäre, wenn sie sich regelmäßig und besonders in oder nach konfliktreichen Situationen Fragen stellen würden wie:

Bin ich sicher, dass mein Kind weiß, wie wichtig es für mich ist?
Höre ich wirklich zu, was es mir mitteilt?
Weiß es, dass ich ernst nehme, was es sagt oder mir zu verstehen gibt?
Zeige ich ihm durch mein eigenes Verhalten, was Mitgefühl ist?
Lehre ich es, wie es Probleme lösen kann, und helfe ihm dabei?
Stärke und fördere ich realistische Erwartungen in ihm?
Zeige und fördere ich durch mein Verhalten (meine Worte) Achtung vor anderen, das heißt auch, vor meinem Kind?
Versuche ich Grenzen so zu setzen, dass sie vom Kind akzeptiert werden können, oder eher so, dass es mir dafür böse ist?
Setze ich nur notwendige Grenzen?
Helfe ich meinem Kind, Kontrolle über seine Handlungen zu haben?
Kann ich eigene Fehler eingestehen und sagen, dass es mir Leid tut?
Kann ich meinem Kind zeigen, dass eigene Fehler Teil eines positiven Lernens sein können?

Eltern, denen viel an einer guten Kommunikation mit ihren Kindern liegt, sollten abends in einigen ruhigen Minuten über diese und ähnliche Fragen nachdenken und sie auf die kleinen Tagesereignisse im Umgang mit ihrem Kind anwenden. Sie werden schnell herausfinden, welche bei ihnen am dringlichsten sind. Vergessen wir nicht, in »Kommunikation« steckt der Begriff »gemeinsam«. Ohne Gemeinsamkeit und partnerschaftliche Gleichberechtigung in gegenseitigem

Respekt geht nichts. Von oben nach unten und unten nach oben gibt es keine wirkliche Kommunikation. Dann wird entweder Macht ausgeübt oder Ohnmacht mitgeteilt. Das gilt für jede Kommunikation unter Menschen. Darum ist sie, wie wir wissen, mit manchen nicht möglich, die nicht anders als in Machtstrukturen denken können. Mehr Erfahrungen als ein anderer zu haben, älter zu sein, einen Erziehungs- und Verantwortungsauftrag zu haben, darf nicht bedeuten, die Gleichberechtigung im gegenseitigen Respekt aufzugeben. Ohne ihn können wir unsere Botschaften nicht vermitteln, ohne ihn werden sie nicht aufgenommen, auch, wenn wir es manchmal nicht merken. Das Alter unseres Gegenübers spielt dabei keine Rolle.

Gewiss, ich habe hier ein Ideal geschildert und weiß, dass wir es nie ganz erreichen. Aber es muss unser Ziel sein, wenn wir mit unserer Kommunikation das Fundament für das Stärke- und Vertrauensmodell bauen wollen. Niemand wird ein Haus auf brüchigen Grundsteinen errichten.

Noch zwei Beispiele, an denen wir erkennen, worauf es ankommt:

Neben mir im Flugzeug sitzt eine junge Frau mit einem kleinen Mädchen. Es scheint einigermaßen müde zu sein, denn es hat keine Lust, aus dem Fenster zu schauen und das Treiben auf dem Flugplatz zu beobachten. Dagegen kuschelt es sich auf den Schoß der Mutter. Als das Flugzeug abgehoben hat und sie keine Ruhe findet, beginnt die Kleine zu klagen, ihr sei so warm. Die Mutter ist in eine Zeitschrift vertieft. »Sitz endlich still!«, ist ihre Antwort. Die Kleine macht einen Versuch, ruhig zu sitzen, ihr Schmusetier auf dem Bauch. Ohne Erfolg: »Mama, mir ist so warm!«, jammert sie. Die Mutter versucht, keine Notiz davon zu nehmen. Die Kleine wird immer unruhiger und quengeliger, die Mutter bleibt einsilbig. Ihr »Nun sitz doch endlich still« oder

»Leg dich auf meinen Schoß« haben nicht die gewünschte Wirkung. Die kleine Annabel weint nun. »Hör jetzt auf mit dem Theater!«, herrscht die Mutter das Kind an. Es weint lauter. »Pass auf!«, sagt die Mutter und hebt drohend die Hand. Die Kleine duckt sich, versucht das Weinen herunterzuschlucken, verstummt. Aber nur einen Moment, dann klagt sie wieder, dass ihr zu warm sei. Die Mutter hat sich resigniert zurückgelehnt. »Vielleicht ist ihr schlecht«, wage ich zu vermuten, »manchmal können so kleine Kinder nicht genau sagen, warum sie sich nicht wohl fühlen. Mir wird auch manchmal schlecht im Flugzeug«, füge ich zur Unterstützung noch hinzu. »Stimmt«, sagt die junge Frau, »im Auto wird ihr auch übel.« Jetzt scheint sie kurz Anteil zu nehmen, streichelt ihrer Tochter übers Haar und versucht, sie wieder auf ihren Schoß zu legen. Sie selbst lehnt den Kopf zurück, und ich denke, wahrscheinlich ist ihr auch nicht gut. Vor der Ankunft beginnt die Kleine wieder mehr zu quengeln und vor sich hin zu weinen. Sie lässt sich kurz von einem anderen Kind, das vor ihr sitzt, ablenken. Aber nein, nichts hilft, sie klagt weiter, zerrt an ihrer Kleidung und bohrt den Kopf in ihren Sitz. Die Mutter droht ihr mehr und mehr. »Lass deinen Zirkus! Hör endlich auf, Theater zu machen! Du wirst schon sehen, gleich geht's ins Bett!« Sie zieht der Kleinen die abstehenden Haarschwänzchen glatt, was natürlich alles noch schlimmer macht. Selbst nun schon einigermaßen gequält von der verfahrenen Situation neben mir, versuche ich die letzten Minuten zu retten und knüpfe noch mal einen kleinen Wortwechsel mit der Mama an, einfach, um sie von ihrem Kind abzulenken. Gott sei Dank ist nun wohl alles vorüber, das Flugzeug gelandet, die Passagiere aufgestanden, die Kleine drängt zum Ausgang – nicht, ohne eine Ermahnung mitzunehmen, »Fais-attention à la dame!« (Pass auf die Dame auf!). Die »Dame«, ich, wünschte nichts so sehr, als dass die Mutter endlich das Kind in Ruhe ließ.

Diese kleine Szene ist ein Beispiel von Nicht-Kommunikation, wie man es besser nicht erfinden kann. Das Kind versteht allerdings die Drohungen der Mutter und weiß, dass sie immerhin halb ernst gemeint sind. Die Mutter zeigt kein Mitgefühl mit ihrer kleinen Tochter, offensichtlich ist sie nicht in der Lage, sich an ihre Stelle zu versetzen. Sie fühlt sich gestört, vielleicht nur, weil sie auch müde ist und unter Übelkeit leidet. Besonders schlimm erscheint mir, dass sie das Kind demütigt. Wenn es ausdrückt, dass es sich nicht wohl fühlt, nennt die Mutter das »Theater«, »Zirkus«. Das heißt doch so viel wie »unecht«, »nicht glaubwürdig«. Als unfreiwillige Zeugin dabei erinnerte ich mich sofort, wie verzweifelt und empört ich selbst als Kind war, wenn ich zu hören bekam, ich könne mir meine Krokodilstränen sparen. Ist nicht der Mangel an Mitgefühl schon hart genug für ein Kind, muss man es auch noch verspotten?

Als drittes Hindernis in der Kommunikation kam hier noch die Ambivalenz im Verhalten der Mutter hinzu. Mal ermahnte, mal drohte sie dem Kind, und dann wieder streichelte sie es. Alles als Antwort auf die gleiche Botschaft: »Mama, ich fühl mich so schlecht!« Hier fehlten also nicht nur Feinfühligkeit, sondern auch Vorhersehbarkeit und Verlässlichkeit im mütterlichen Verhalten.

Sicher handelt es sich bei Eltern, die gelegentlich so mit einem Kind umgehen, nicht um »schlechte« Eltern. Sie sind jedoch vielleicht gedankenlos, weil sie, wie man so sagt, »nicht gut drauf sind« und einfach den Erziehungsmustern ihrer Eltern folgen.

Ein anderer Tag, ein anderes Beispiel. Diesmal ist es eine Mutter mit einem Baby an der Schwelle zum Kleinkindalter. Die Frau sitzt an einem Sonnabendnachmittag in einem überfüllten Bus, der quer mitten durch Paris fährt. Neben ihr zu Füßen die vollen Plastikeinkaufstüten. Vor ihre Knie hat sie eine zusammengeklappte Kinderkarre gequetscht und neben sich auf dem engen Einzelsitz das Baby, das aufrecht von ihrem Arm gehalten am Fenster steht. Es zappelt ziemlich rum, wie Kinder es in diesem Alter so tun, für die Mutter keine einfache Aufgabe, da es immer vom Sitz zu rutschen droht. Sie spricht die ganze Zeit mit dem kleinen Sohn, der viele ihrer Worte zu wiederholen versucht. Er spielt an den Rädern der Karre. Die Mama hat es ihm vorgemacht, und es scheint ihm Spaß zu machen. »Räder«, sagt die Mutter, »schau, du kannst sie drehen.« »Deen«, wiederholt der Kleine und dreht heftig an dem einen Rad. Dann probiert er das andere daneben. Es will sich nicht bewegen. »Deen«, sagt er und schaut die Mutter auffordernd und fragend an. Sie versucht es. Es geht nicht. »Geht nicht«, sagt die Mutter, »das Rad ist blockiert.« »Lockiet«, echot der Junge, der das Wort sicher noch nie gehört hat. Nun geht es eine ganze Weile hin und her mit »Blockiert« und »Lockiet«. »Putt«, konstatiert der Kleine. »Nein«, erklärt seine Mama, »es ist nicht kaputt. Es ist blockiert.« »Lockiert«, erklärt nun stolz der Junge, als hätte er das selbst herausgefunden. Zwischendurch will er von seinem unbequemen Stehplatz hinunter. Da ist natürlich kein Quadratzentimeter Platz, also zeigt ihm die Mama, die ihn festhalten will, draußen ein Polizeiauto.

»Da, sieh mal, Polizei!« »Zei«, wiederholt der Junge und sieht sie fragend an. Der Kleine ist hochinteressiert, fasziniert. Als die Polizei nicht mehr zu sehen ist, wendet er sich wieder den Rädern der Karre zu. Mama geht alles mehrmals wie gehabt mit ihm durch, nicht ohne kleine Varianten ins Gespräch zu bringen. Nun macht der Junge die Mutter auf etwas draußen aufmerksam. »Mama, da, da!« Draußen blinken bunte Lichter. Sie folgt seinem Blick und seiner an die Scheibe patschenden Hand. Die Mutter ist langsam von der Hitze im Bus, den Tüten und der Karre auf ihren Füßen, dem dicken Wintermantel und dem lebhaften Kind in ihrem

Arm ziemlich schweißgebadet, aber ihr Interesse erlahmt nicht. Irgendwann wird der Kleine mal kurz ungeduldig, ist jedoch von dem Rad, das sich drehen lässt, und dem Rad, das blockiert ist, schnell wieder gefangen genommen. Plötzlich fällt ihm ein, »Papa?« zu fragen. »Papa sitzt da drüben mit Toby und Anne«, sagt sie. Der Kleine ist begeistert. »Papa düüben«, sagt er mit Genugtuung, und Papa schafft es, zwischen den stehenden Passagieren hindurch seinem Kind zuzulächeln. Auch er sitzt mit Tüten und den zwei größeren Kindern auf einem der wohl für Zwerge bestimmten Einzelsitze auf der anderen Seite. Der kleine Junge ist schon wieder mit dem Funktionieren der Räder beschäftigt und hält das Gespräch mit seiner Mutter in Gang. Jedenfalls weiß am Schluss der ganze Bus, dass da etwas blockiert ist.

Ich denke, dazu ist jeder Kommentar überflüssig. Jedem leuchtet ein, dass hier eine gute Kommunikation stattfindet, obwohl doch beide Gesprächspartner über so unterschiedliche Fähigkeiten, sich verbal auszudrücken, verfügen. Die Mutter fühlt mit ihrem Kind und kann sich an seine Stelle versetzen. Sie nimmt es ernst und nutzt seine Neugier, um es in einem einfachen, genau an seine Fähigkeiten angepassten Dialog bei der Stange und bei Laune zu halten. Das Kind hat keinerlei Scheu, ihr mitzuteilen, was es sieht, fühlt und denkt. Es ist sicher, dass sie sich nicht gestört fühlt. Sie weist es weder durch Schweigen noch durch Gebote zurück, sondern geht auf alles interessiert ein. Beide lassen sich nicht von der unkomfortablen Situation und den drumherum stehenden Leuten beirren. Eigentlich profitieren diese auch davon, denn ich sehe ein Schmunzeln auf einigen Gesichtern.

Erinnern wir uns jetzt noch einmal, was gute Kommunikation ermöglicht:

Das Kind lernt und kann verstehen und kommunizieren

- durch ein Zusammenspiel von Wahrnehmungen, Verhalten und Sprache
- wenn wir es mitfühlend verstehen
- weil wir gemeinsam etwas tun
- weil wir uns feinfühlig verhalten
- weil wir zuverlässig und vorhersehbar mit ihm umgehen und ihm damit Vertrauen in die Wirkung seiner eigenen Ausdrucksmöglichkeiten geben (Mama kommt, wenn ich rufe, sie freut sich, wenn ich »Mama« sage ...)
- denn es »spricht« (egal in welchem Alter) mit seinem Verhalten zu uns

Es lernt sprechen

- weil wir gemeinsam Dinge mit Worten tun
- weil wir möglichst immer zuhören und antworten

Eine schlechte Voraussetzung für Kommunikation ist

- ärgerlich und wütend sein
- dem Kind negative Absichten unterstellen

Kinder, die gelernt haben, wie eine gute Kommunikation »geht«, können später mit vielen unvorhersehbaren und schwierigen Situationen fertig werden. Sie haben eine sichere Basis für ihr inneres Stärke- und Vertrauensmodell. Sie wissen, wie sie mit anderen Menschen Aufgaben und Probleme aushandeln können, ohne aggressiv zu werden oder sich angegriffen zu fühlen, wenn Meinungsverschiedenheiten auftreten. Sie können ihre Gedanken und Gefühle angemessen (auch angemessen an die Situation und das Gegenüber) ausdrücken. Mit dieser Kompetenz haben sie einen bedeutenden Vorsprung, auch vor Menschen, die ihnen an körperlicher Kraft oder an Macht überlegen sind.

Sein Kind akzeptieren, so wie es ist

Ich kann nicht widerstehen, diesem Kapitel eine Warnung vorauszuschicken. Achtung! Öffnen Sie diese Kiste vorsichtig. Sie werden Überraschungen erleben.

Ja, aber …

Akzeptieren Sie Ihr Kind, wie es ist? Ich glaube, die meisten Eltern würden diese Frage sehr schnell mit »Ja« beantworten und nach kurzem Zögern »aber …« hinzufügen. Dann würden sie einige Eigenschaften oder Eigenheiten folgen lassen, mit denen sie nicht einverstanden sind. »Schwierig«, das kann heißen, das Kind passt sich nicht ohne Widerstand unseren Lebensgewohnheiten wie Schlafenszeiten, Essen, Aktivität, Ruhe an, ist unzufrieden usw.; »zappelig«, das kann heißen hyperaktiv, fängt dauernd etwas Neues an, ist unkonzentriert; »schüchtern, scheu«, das kann heißen zurückgezogen, sucht keine Freunde, guckt weg, wenn man mit ihm spricht, es ist passiv. Es gibt natürlich unter »aber« auch weniger gravierende Einwände wie »ist so unordentlich«, »hilft nicht im Haushalt«, »gehorcht nicht« oder »will sich nicht waschen«.

Verwechseln wir nicht »Azeptieren« mit »Mit-allem-einverstanden-Sein« und »Lieben« nicht mit gleichgültigem »Die-Dinge-laufen-Lassen«. Beobachten wir uns jedoch selbst: Sind nicht die häufigsten Botschaften an unsere Kinder Kritik an ihrem Verhalten und Verbote, ja sogar Drohungen? Tatsächlich korrigieren wir mehr an ihnen herum, als dass wir sie lehren. Wir ziehen mehr an ihnen herum, als dass wir sie erziehen. Wir schnippeln mehr an ihnen herum, als dass wir ihnen helfen, ihre gute Form zu finden – so wie an einem ausgerollten Kuchenteig, dessen Rand über die Tortenform hinaussteht. Alles in der Hoffnung, sie würden dann so, wie wir sie uns wünschen, damit wir sie ohne »aber« akzeptieren können. Bei einem Kind ist diese Methode unproduktiv und entmutigend – übrigens für beide Teile. Die Psychologen Brooks und Goldstein schreiben, unsere Kinder sollten jeden Tag mit schwarzen Zahlen auf ihrem emotionalen Bankkonto beschließen können. Sie müssten stets mit einem positiven Erfahrungsschatz aus der Schule kommen und jeden Abend, wenn sie zu Bett gehen, Worte der Liebe, der Ermutigung und der Unterstützung gehört haben, Worte, die sie aufbauen, anstatt an ihnen zu nagen.[20]

Ein Kind akzeptieren, so wie es ist und für das, was es ist, heißt, es lieben, ohne Bedingungen zu stellen.

Die meisten Eltern wissen, dass nicht alle Kinder gleich sind. Und doch scheinen sie es manchmal zu vergessen, wenn sie in ihrem Erziehungseifer alle über einen Kamm scheren. Tatsächlich ist es einfacher oder schwieriger, mit dem einen oder dem anderen Kind umzugehen. Das ist nicht die Schuld der Eltern, aber auch nicht die Schuld der Kinder. Kinder haben unterschiedliche Wesenszüge, Temperamente und Eigenheiten, ebenso wie sie unterschiedlich aussehen, schon wenn sie auf die Welt kommen.

Es kommt vor, dass Eltern und Kind nicht recht zusammenpassen, zum Beispiel, weil sie völlig unterschiedliche Temperamente haben. In jeder Familie mit mehreren Geschwistern kommen Mütter und Väter besser mit den oder dem einen als mit den anderen zurecht. Und dann ändert sich das auch häufig noch im Laufe der Jahre. Das Alter spielt also auch eine Rolle. Plötzlich wird ein Kind für die Mutter »einfacher«, das sie vorher schwierig fand. Und umgekehrt. Mal »kann« der eine Elternteil und mal der andere mit dem einen oder dem anderen besser.

Wir sehen, schon diese Beispiele stellen das »aber«, das wir vielleicht dem Akzeptieren hinzufügen wollten, in Frage.

Wir sollten also im stillen Kämmerlein überprüfen, wie weit wir oft vorgefassten Vorstellungen, Erwartungen und vor allem überkommenen Erziehungsansichten darüber, wie Kinder zu sein hätten, zum Opfer fallen. Ohne es zu bemerken!

Kinder kommen bereits mit einem unterschiedlichen genetischen Make-up auf die Welt, zu dem wir noch die Erfahrungen, die sie bereits im Mutterleib gemacht haben, hinzufügen müssen. »Angeboren« heißt also nicht einfach »ererbt«. Sie können unterernährt sein, sie können durch Nikotin oder Alkohol oder den seelischen Stress ihrer Mutter beeinträchtigt sein, sie können, schon sehnlich erwartet, von Eltern bereits als Fötus geliebt worden sein oder eben auch nicht. Vielleicht waren sie einfach unerwünscht, kamen nicht zum richtigen Zeitpunkt, die Eltern hatten schwere Sorgen oder waren in einer Beziehungskrise, oder die Mutter war ganz allein. All das, die guten, die optimalen oder belastenden Bedingungen, denen ein Baby vor der Geburt ausgesetzt ist, bestimmen neben seinem ererbten Potenzial das, was es ist, zum Zeitpunkt, wo wir es zum ersten Mal in die Arme schließen können. Wie sein *Werden* aussehen kann, hängt zu einem bedeutenden Teil von uns ab. Und davon, dass wir es nicht mit vorgefassten Meinungen und Erwartungen bereits in den allerersten Bemühungen *»zu werden«*, nämlich es selbst zu werden, behindern.

Auf das richtige Klima kommt es an

Die beste Voraussetzung für den Werdensprozess (Ent-wicklung nennen wir das für gewöhnlich) ist eine Familie und eine Umgebung, in der sich ein Kind sicher und geborgen fühlt. Wir sind es, die eine solche Atmosphäre herstellen müssen. Pflanzen brauchen ein bestimmtes Klima, um zu gedeihen. Wir würden doch nicht versuchen, eine Orchidee im kalten Norden ins Freie zu pflanzen. So ist es auch mit unseren Kindern, wenn sie in die Welt kommen. Sie brauchen ein ganz spezielles Klima, in dem sie sich bedingungslos geliebt fühlen und merken, wie viel sie uns wert sind, wie besonders sie für uns sind. Erst, wenn wir dieses Klima schaffen, können wir beginnen, ihnen zu helfen, bestimmte Fähigkeiten und Eigenschaften zu entfalten und andere Eigenheiten, wie zum Beispiel Ängstlichkeit, Unruhe, Passivität, damit zu überwinden oder besser noch: sie in positive Begabungen oder Tätigkeiten oder Interessen mit hineinzunehmen. Denken Sie an die Beispiele, die ich am Anfang des Buches erwähnt habe. Manche anfänglich als negativ oder schwach gewertete Eigenheiten geben später besonderen Fähigkeiten, ja sogar Berufen, das besondere, ungewöhnliche Etwas, das einen Menschen zu ganz Ungewöhnlichem befähigt.

Erziehung braucht also ein besonderes Klima. Dieses Klima entsteht daraus, dass wir sie für das lieben, was sie sind, nicht für das, was wir uns gewünscht hätten oder wünschen würden.

Sagen wir nicht unserem Benny, der eine Sportskanone, aber kein Mathegenie ist, oft: »Jeder kann mehr erreichen, wenn er sich mehr anstrengt«? Oder: »Ich habe es doch auch zu etwas gebracht, obwohl niemand mir geholfen hat«? Wir wollen eben, dass Benny in Mathe genauso gut ist wie in Sport. Wenn er das nicht schafft, sind wir latent unzufrieden und lassen es ihn fühlen. Dann sagen wir ihm, dass wir ihn lieben, aber ...

Was dann beim Kind hängen bleibt, ist nicht: Mein Vater liebt mich, sondern: Mein Vater ist immer unzufrieden mit mir, egal, was ich mache. Und leider ist der Grundtenor unseres Verhaltens mit unseren Kindern oft nicht vom Akzeptieren, sondern von der Höhe unserer Erwartungen bestimmt. Und dann entschuldigen wir uns damit, dass wir erklären: Schließlich behandle ich jedes meiner Kinder gleich, darum erwarte ich auch das Gleiche von jedem. Das ist unfair.

Verschiedene Temperamente

Lange Zeit, sogar noch in den Sechziger- und Siebzigerjahren, hat man – auch in der Kinderpsychologie – angenommen, Kinder seien bei der Geburt wie ein unbeschriebenes Blatt, also mehr oder weniger eins wie das andere. Das bedeutete, wenn sie sich nicht gleich gut entwickelten, waren die Eltern schuld. Heute wissen wir es besser. Eine ganze

Reihe von Untersuchungen haben gezeigt, dass schon Neugeborene sich in wichtigen Wesenszügen wie zum Beispiel »Orientierungsfähigkeit« (anders ausgedrückt, Neugier und Offenheit) und Temperament unterscheiden. Der amerikanische Kinderarzt Berry Brazelton hat als einer der Ersten beschrieben, wie unterschiedlich Babys und Kleinkinder sind. Pionierarbeit auf diesem Gebiet leisteten die Forscher Stella Chess und Alexander Thomas, als sie entdeckten, dass sich Babys schon von Anfang an in ihrer Art und Weise unterscheiden, auf ihre Eltern ebenso wie auf ihre nahe Umgebung zu reagieren.[21] Zum Beispiel waren manche im Laufe eines Tages meist sehr ruhig und ausgeglichen, während andere unruhig und zappelig waren. Die einen schienen überwiegend vergnügt und zufrieden, die anderen leicht störbar, irritabel und schwer zu trösten und zu beruhigen. Manche wirkten entspannt, andere ständig angespannt. Einige reagierten gereizt auf jede Berührung und jeden Laut, andere genossen sie. Kaum erstaunt auch noch, dass einige keinerlei Probleme mit Schlafen oder Essen hatten, während bei den anderen Schwierigkeiten auftraten.

Die Wissenschaftler teilten sie nach diesen Beobachtungen in drei Gruppen auf, die zwar in vielem Übereinstimmungen und Ähnlichkeiten aufwiesen, jedoch klar zu trennen waren. Sie nannten sie: das »einfache« (problemlose) Kind, das »langsam zu erwärmende« *(slow-to warm-up)* Kind und das »schwierige« Kind.

Natürlich wollen wir Kindern nicht Etiketten aufkleben. Denn die gleichen Kinder, die in gewissen Situationen eher »schwierig« und »scheu« (also langsam zu erwärmen) sind, zeigen sich bei anderen Aufgaben oder Erfahrungen als »einfach« und umgekehrt. Die Benennung verschiedener Grundtendenzen soll Eltern und Erzieher aber darüber nachdenken lassen, dass sie in ihrer Aufgabe wahrscheinlich scheitern werden, wenn sie ein Kind zu einem anderen machen wollen, als es ist. Wir müssen akzeptieren, dass Kinder von Geburt an signifikante Unterschiede in ihrem Temperament und darüber hinaus noch in unzähligen anderen Bereichen haben.

Es hat keinen Sinn, ein Kind, dass extrem sensibel für Berührungen ist und manches Streicheln schon als Missempfindung wahrnimmt, zu Zärtlichkeiten zu zwingen, die es zurückweist. Es hat keinen Sinn, ein scheues, zurückhaltendes Kind dauernd aufzufordern, es solle auf die anderen zugehen und »guten Tag« sagen. Und es ist sinnlos, von einem Kind, das gern viel in Bewegung ist, also gern herumtobt und seine Kräfte misst, zu erwarten, wir könnten es zu einem ruhigen Stillsitzer machen.

Stark wie Pippi Langstrumpf

Es geht doch darum, dass wir realistische Ziele mit unseren Kindern verfolgen. Die eben geschilderten Vorgehensweisen sind nicht realistisch und helfen uns darum nicht, Schätze auszugraben. Wir übersehen diese Schätze einfach, wenn wir uns so verhalten. Dagegen haben wir wirklich gute Chancen, wenn wir unsere Kinder so akzeptieren, wie sie sind. Weil wir dann, wie ich mehrfach gezeigt habe, ihre Stärken zum Vorschein bringen können. Denn wir sind offen für sie, lassen sie nicht achtlos am Wegrand liegen. Auch wir erbringen in unseren Berufen, ganz gleich, was wir machen, die besten Leistungen, wenn wir uns grundsätzlich akzeptiert fühlen. Wir sind dann bereit für Verbesserungsvorschläge und neue Aufgaben, die wir uns sonst vielleicht nicht zugetraut hätten. Die Arbeit im Team macht uns mehr Spaß, und überhaupt sind wir motivierter.

Schmunzeln wir nicht manchmal darüber, dass Kinder auch das Unmögliche für möglich halten? Davon könnten wir uns eine dicke Scheibe abschneiden. Das Tolle an einem Kind, das sich akzeptiert fühlt, ist, dass es viel mehr Möglichkeiten in sich hat als jeder Erwachsene. Erwachsene sind, wie auch immer, schon durch viele negative Lebenserfahrungen vielfach »verstümmelt« worden. So wie der Kuchenteig, der nicht in die Form passt. Sie hatten mal – »mal«, das heißt, eines fernen Tages, an den sie sich nicht mehr erinnern können – die eine oder andere große Begabung in sich, einen Glauben an sich, als könnten sie wie kleine Märchenhelden Taten vollbringen, für die die Großen nur ein müdes Lächeln übrig haben. Sie waren wie Pippi Langstrumpf. Astrid Lindgren hat diese Bücher ursprünglich für Erwachsene geschrieben. Wer jedoch hat sie dann wirklich verstanden? Die Kinder. Weil sie wissen und glauben, dass das Unmögliche möglich ist. Aus der Erwachsenen-Perspektive verbietet sich das. Aber was ist dann aus diesen Kindern geworden? Nur wenige hatten die Chance, einfach akzeptiert zu werden und darum wirklich etwas Besonderes aus sich zu machen. Einige nur durften sich ihren Anlagen gemäß entwickeln. Die große Masse aber wurde von vornherein beschnitten in ihren Möglichkeiten, durch stupide Strafen, durch gedankenlose Maßregelungen, Lineale, die man in ihren Köpfen zu installieren suchte. Man könnte auf die Idee kommen, genau das, dieses Mittelmaß, sei das Ziel moderner Erziehung.

Wie wir es schaffen, Kinder dumm zu machen

Einer der Gründe dafür, warum wir Kinder im wahrsten Sinne des Wortes dumm »machen«, ist die tief verwurzelte Angst vor allem Unkontrollierbaren. Da wir die Impulse des Kindes häufig nicht verstehen, fürchten wir, sie könnten uns aus dem Ruder gleiten. Man fürchtet, ein Kind, dem nicht durch »Erziehung« ein Lineal eingezogen wird, müsse sich zwangsläufig zu einem Chaoten entwickeln. So als würde ein Kind, dem man nicht das Laufen »beibringt«, sich wie eine Krake bewegen und keinen richtigen Gebrauch von seinen Beinen lernen. Das ist natürlich Unsinn. Keine Krake und nicht einmal eine Amöbe bewegt sich ziel- und ordnungslos, und ein Kind lernt laufen und sich sozial verhalten, weil es in Gesellschaft von Zweibeinern lebt, die respektvoll, kommunikativ, also sozial miteinander umgehen – nicht, weil man es ständig drängt oder in seinen eigenen Motivationen behindert. Aber es wird mit großer Wahrscheinlichkeit ein Chaot, wenn es von Chaoten umgeben ist, egal, wie häufig man es zurechtweist.

Eine italienische Lehrerin, Zenaide, die Zehnjährige unterrichtet, meinte, als sie von ihren Erfahrungen mit Kindern, Kollegen und Eltern berichtete: »Das Besondere will doch keiner. Alles, was oben oder unten ein winziges bisschen von diesem Durchschnitt abweicht, der als Normalität bezeichnet wird, soll weggestutzt werden.« Das Besondere in einem Menschen, meint sie, sei eben a priori »anders«, und Anderssein werde nicht toleriert. Auch nicht bei einem Lehrer.

Zenaide schildert eines ihrer Erlebnisse mit dieser gehorsamen Gedankenlosigkeit ihrer Kollegen. Sie hatte überlegt, wie sie ihren Schülern das Leben erleichtern könnte. Acht Stunden am Tag sollten sie still sitzen und wenn sie nach

Hause kamen, noch Hausaufgaben machen, dann gab es Abendessen, danach ein bisschen Fernsehen und dann ins Bett. Am nächsten Tag die gleiche Prozedur. Den Kindern fehlten Bewegung und all die körperlichen und Sinnes-Erfahrungen, die in Wahrheit in ihrem Alter »normal« gewesen wären. Die Schüler waren nicht nur unerträglich aggressiv, schlugen sich gegenseitig die Köpfe ein – »Einmal am Tag muss ich mindestens den Sanitätsdienst oder die Carabinieri anrufen« –, ihr war auch aufgefallen, dass die Kinder ungeschickt in ihren Bewegungen waren. »Dauernd fallen sie hin und tun sich weh!«

Zenaide beschloss zu handeln und den Kindern Zutritt zu dem gegenüber der Schule liegenden, parkähnlichen Garten, einem öffentlichen Gebäude zugehörend, zu verschaffen. Das Tor war für gewöhnlich nämlich immer verschlossen. Es war nicht leicht, den zuständigen Magistrat zu überzeugen. »Ich hatte mich mit besonderer Sorgfalt morgens zurechtgemacht und angezogen, um wenigstens durch meine Eleganz zu beeindrucken. Nach zwei Stunden aussichtslos scheinender Überzeugungsarbeit war ich völlig durchgeschwitzt. Aber es sollte dann doch einer meiner schönsten Erfolge als Lehrerin werden.« Sie durfte den Schlüssel zu dem Tor schließlich mitnehmen. Stolz zeigte sie ihn den Kollegen in der Schule. Die waren äußerst skeptisch: »Was, dieser Garten, der liegt doch auf der anderen Straßenseite, und überhaupt, während der Schulstunden!« So blieb Zenaides Klasse die einzige, die in den Genuss dieser Vergünstigung kam. »Wenn ich das Tor zu dem Garten aufschloss, stürzten die Kinder wie eine Meute junger Hunde hinein, die man tagelang eingesperrt gehalten hat. Die Aufmerksamkeit der Kinder verbesserte sich ein wenig. Und sie hatten Gelegenheit, ein paar ihnen ungewohnte Erfahrungen miteinander zu sammeln. Stell dir vor«, sagte Zenaide, »ein kleines Mädchen fand eine Haselnuss unter einem Baum. Sie wusste nicht, was das ist!

›Das ist eine Frucht, die kann man essen‹, erklärte ich ihr. Ungläubig wendete sie das Ding in den Händen: ›Aber die ist doch viel zu hart!‹ ›Na, was du essen kannst, steckt drinnen. Du musst einen Stein nehmen und sie aufklopfen.‹ Und ich machte die erklärende Handbewegung dazu. Was sie dann tat, konnte ich nicht fassen: Sie nahm einen winzigen Kiesel und klopfte kraftlos auf der Nuss rum.« Und Zenaide fügte hinzu: »So dumm haben wir unsere Kinder gemacht.«

Die Perspektive zu ändern kann Wunder wirken

Diese »Dummheit« ist Kindern nicht angeboren. Denn wenn man sie kindgemäß aufwachsen lässt, sie genügend Erfahrungen auf ihre Weise sammeln lässt und sie nicht dauernd ermahnt: »Fass das nicht an!«, dann haben sie in diesem Alter längst herausgefunden, dass in einer Nuss ein essbarer Kern steckt und dass man diesen nicht aufklopfen kann, wenn man einen Stein nimmt, der kleiner als die Nuss ist. Sie fallen nicht unentwegt hin und schlagen sich nicht bei der kleinsten Missstimmung die Köpfe ein.

Zenaide erzählte mir noch mehr solcher Geschichten, die alle mit einer ähnlichen Schlussfolgerung endeten: Wir erziehen Kinder, die acht Stunden lernen müssen und dann noch nicht einmal wissen, wie man einen Klassenkameraden ohne Gewalt dazu bringt, einem ein paar Murmeln leihweise zu überlassen! Ich will das nicht im Einzelnen analysieren, glaube aber, dass ich mich verständlich ausgedrückt habe.

Nicht genug, dass sie auf diese Weise wenig oder für sie vielleicht nicht recht Nutzbares lernen. Wir verbarrikadieren auch noch ihre offene, unvoreingenommene »Sicht« durch Denk-, Seh- und Erfahrungsschablonen.

Ein Beispiel, das wir alle kennen: Oft beobachten wir, dass Kleinkinder vor dem Schulalter erstaunliche Künstler sind. Sie malen, zeichnen und spielen (wie kleine Schauspieler) verrückte, tolle Sachen. In vielen offenbaren sich wirklich große Künstler, potenziell große Künstler. Und dann kommen Erwachsene und sagen: »Sehr hübsch, aber jetzt zeige ich dir mal, wie ein Hund aussieht oder ein Elefant oder ein Haus.« Und dann soll das Kind ihre fantasielosen Klischees nachahmen. Jeder sollte hier einmal das Buch *Der kleine Prinz* von Saint-Exupéry in die Hand nehmen. Können Sie sich noch an das Bild, das einen Elefanten darstellte, erinnern? Wenn nicht, schauen Sie sich's an, und wehe, Sie lachen!

Oder man lässt den potenziellen kleinen Künstler »ausmalen«. Blöde Bildchen, die von nun an die Sicht des Kindes prägen ebenso wie die von den Erwachsenen angeblich »besser« gezeichneten Figuren. Das Gute an einem Kind, das sich akzeptiert fühlt, ist doch, dass es sieht, was es sieht (nicht, wie Erwachsene, was es sehen soll), und dass in dieses Sehen keine Vorurteile, aber dafür eine Menge kreativer Vorstellungen und seine kindlichen Erfahrungen und Bewertungen miteinfließen. Damit ist es uns weit überlegen. Wenn wir es doch nur begreifen und manches für uns selbst neu beginnen könnten! So ist es mit vielen seiner Fähigkeiten.

Zum Beispiel, wenn es Fragen stellt. Finden wir sie nicht häufig dumm, wenn nicht sogar lästig? Dabei könnte uns so eine »dumme Frage« auf ungewöhnliche Gedanken bringen, für die wir sonst nicht offen sind. (Ich erinnere mich, dass ich in der Redaktion der Wochenzeitung DIE ZEIT mit meinem Wissenschaftskollegen eine regelmäßige Spalte unter dem Titel »Die dumme Frage« geplant hatte. Wir haben allein bei der Planung viel Unerwartetes herausgefunden und uns nebenbei köstlich amüsiert.) In jedem Kind steckt ein kleiner Philosoph und Wissenschaftler, und die großen Philosophen und großen Wissenschaftler fragen oft wie Kinder, das ist ihre Stärke.

Wir tun unseren Kindern und uns selbst unrecht, wenn wir ihre Fragen nicht gewissenhaft beantworten. Nebenbei täten wir gut daran, dabei unseren eigenen sprachlichen Ausdrucksschwächen und Denkfehlern auf die Spur zu kommen.

Kinder denken das Ungedachte. Wir selbst wagen nicht mehr, es zu denken. Sollen sie es also auch nicht. Können wir nicht stattdessen einmal ausprobieren, was passiert, wenn wir darauf eingehen, wenn wir mit »einsteigen« in die Gondel, die uns in eine Welt einer uns unbekannten (nicht mehr bekannten) Logik, einer nicht für möglich gehaltenen Kreativität und eines ungeahnten Mutes über Dächer und Wälder schweben oder, warum nicht, bis zum Mittelpunkt der Erde hinabsteigen lässt? Manchen Kindern ist die Chance gegeben, Geschwister oder Freunde zu haben, die das gemeinsam mit ihnen wagen. Noch heute erinnere ich mich gern daran, wie mein älterer Bruder mir eines Tages erzählt hat, er könne fliegen, wie ein Adler. Abends ginge er aus dem Haus, und dann ... In Gedanken flog ich mit ihm. Natürlich erzählte ich meiner Mutter nichts davon. Abends krochen wir mit einer Taschenlampe zusammen unter die Bettdecke. Dann öffneten wir eine Falltür, die in versteckte Gemächer führte. Da hatten wir köstliche Vorräte, Butterkremtorten und Kisten voll mit Schlagsahne, ja wirklich, das höchste der Gefühle, das ich mir als Kriegskind vorstellen konnte ... Tagsüber verschafften wir uns Einblick in eine andere Welt der Wunder, nämlich in die verbotenen Schätze der für die Erwachsenen hinter Glas verschlossenen Bücher. Und natürlich machten wir allerlei »wissenschaftliche« Experimente, von denen unsere Eltern nichts mitbekamen.

Wenn wir unser Denken auf »Autopilot« schalten

Wenn wir die Perspektive ändern, ändert sich unser Verständnis für Dinge und Situationen. Das jedenfalls glaubt die amerikanische Harvardwissenschaftlerin Ellen J. Langer.[22] Sie meint, vieles versuchen wir gar nicht erst herauszufinden, ja gar nicht erst zu denken, weil wir alles aus einer eingefahrenen Gewohnheitssicht sehen. Sie bewies mit zahlreichen Untersuchungs- und Testreihen an und mit ihren Studenten, dass vieles, was wir zu gut gelernt haben (so, dass es uns in Fleisch und Blut übergegangen ist), uns in Wahrheit behindert – im täglichen Leben und auch in der Wissenschaft. Zu gut gelernt kann schlecht gelernt sein. Wer zum Beispiel fleißig Tennisunterricht nimmt und lernt, den Tennisschläger exakt genauso zu halten wie Martina Navratilova, wird wahrscheinlich nie so gut werden, wie er es eigentlich könnte: Dazu müsste er Navratilovas Stil seinem eigenen Körperbau anpassen.

Niemand stellt je die Vorstellung unseres »Basiswissens« in Frage. Alle halten es für einen unabdingbaren Wert, weil was Hänschen nicht lernt, Hans nimmermehr lerne. Wie, wenn diese Weisheit nur mit allergrößter Skepsis zu genießen wäre, wie, wenn wir sie zumindest sehr einschränken müssten? Denn oft lernt der große Hans nichts mehr (ist nicht mehr offen für Neues), weil der kleine zu sehr gebüffelt hat, *overlearned* nennt das die amerikanische Wissenschaftlerin. Sie führt viele Beispiele dafür an, warum uns ein wie eingestanztes Wissen oft regelrecht behindert, uns voreingenommen macht, ja, uns sogar gefährlich werden kann.

Dafür führt sie uns zwei Beispiele vor, eins aus dem Märchenbuch und eins aus der Forschung. Das erste geht, wie wir alle wissen, etwa so:

Es war einmal ein kleines Mädchen, das hieß Rotkäppchen. Eines Tages ging sie ihre Großmutter besuchen. Da begegnete sie einem Wolf, der das Nachthemd und Häubchen ihrer Großmutter anhatte. »Was hast du für große Augen, Großmutter«, fragte sie harmlos, obwohl sie doch die Augen ihrer Großmutter schon unzählige Male gesehen hatte. »Was hast du für große Ohren, Großmutter?«, fragte sie, obwohl es unwahrscheinlich war, dass sie seit dem letzten Mal gewachsen waren. »Was für eine tiefe Stimme du hast, Großmutter!«, rief sie, immer noch nicht merkend, welchem zottligen Betrüger sie da auf den Leim ging. »Was hast du für große Zähne, Großm...«, sagte sie – zu spät, leider, um endlich etwas zu kapieren.

Manchmal werden wir nicht gleich gefressen, aber unangenehm überrascht und beschämt, wenn wir – nur zu häufig – unser Denken auf »Autopilot« (E. Langer) umgeschaltet haben. So ging es den Studenten der Harvardprofessorin. Sie stellte ihnen die Frage, ob es wohl möglich sei, Schwangerschaft mit einem Nasenspray zu verhüten? Die Reaktion: Lachen oder ironische Grimassen. Dann zeigte sie den Studenten die Headline einer älteren Zeitung: »Nasenspray als neues Mittel zur Geburtenkontrolle«. Nun erwachte doch ein gewisses Interesse. Die erste Reaktion sei typisch, meint Ellen Langer. »Menschen, die mit etwas konfrontiert werden, das noch nie gemacht worden ist, drücken häufig ihre Ungläubigkeit aus ...« Dumm ist vor allem, dass sie die Machbarkeit gar nicht erst in Betracht ziehen. Meistens verharren wir einfach bei der gewohnten, überkommenen Sicht der Dinge. Es fällt uns nicht ein, den geistigen Standort, die Perspektive zu wechseln. Ganz anders an eine Sache herangehen, das ist es, was kreative Menschen stets aufs Neue versuchen. Wir tun es, wenn wir, statt gleich zu entscheiden, »das geht« oder »geht nicht«, über mögliche Wege, etwas zu verwirklichen, nachdenken und unsere Vorurteile von

Anfang an beiseite lassen. Langer meint, aus dieser veränderten Position würde die Vorstellung, dass es eine Lösung geben könnte, sofort ins Unermessliche wachsen – sogar, wenn die Wahrscheinlichkeit gering ist. Wir müssen eben den Autopiloten erst abschalten und wieder selbst steuern, um Unmögliches für möglich zu halten.

Mit Autopilot, also gedankenlos gedacht, seien eine ganze Reihe unserer felsenfesten Grundannahmen, die in Wahrheit *debilitating* – verblödend – seien, sagt Langer. Zum Beispiel:

- Das Basiswissen muss so gut gelernt werden, dass es uns in Fleisch und Blut übergeht.
- Aufmerksam sein heißt, sich ausschließlich auf eine Sache zu konzentrieren.
- Belohnung darf erst nach der erledigten Aufgabe gegeben werden.
- Mechanisches Lernen (Auswendiglernen) ist ein notwendiger Teil der Erziehung.
- Vergessen ist ein Problem.
- Intelligenz ist zu wissen, »was Sache ist«.
- Es gibt richtige und falsche Antworten.

Wie viele von diesen »Weisheiten« versuchen wir täglich an unseren Kindern neu zu exemplifizieren? Ohne den gewünschten Erfolg. Wieso soll es Belohnung erst nach getaner Arbeit geben? Eine Aufgabe lösen, eine Arbeit tun, kann doch für sich schon als Belohnung erlebt werden. Wieso heißt aufmerksam sein, sich auf nur *eine* Sache konzentrieren? Wer auf mehreres gleichzeitig achtet, ist hochaufmerksam – ein Chirurg zum Beispiel beim Operieren. Ebenso ein Fluglotse oder ein Dirigent. Manche Menschen können sich manchmal besser konzentrieren, wenn sie bei einer Aufgabe gleichzeitig klassische Musik hören, manche beim Spazierengehen oder Herumhüpfen, manche beim Stillsitzen. Es kommt auf die Situation, auf Abwechslung und auf die Verfassung des Menschen an. Und wieso ist Vergessen ein Problem? Vielleicht gelegentlich, in anderen Fällen kann es uns jedoch helfen, für Neues offen zu sein, und außerdem ist Vergessen Teil des Lernprozesses – nämlich als Löschen unnötiger Informationen.

Vorgefertigte Überzeugungen, wie die eben genannten, hindern uns und unsere Kinder an einem wirklich sinnvollen Lernprozess. Keine große wissenschaftliche oder künstlerische Leistung ist je auf dem Schrotthaufen solcher Annahmen gewachsen. Wissenschaftler müssen oft einen langen, dornenreichen Weg zurücklegen, auf dem sie mühselig Daten sammeln, die auf angeblichem »Wissen« aufgebaut sind. Dann plötzlich lenkt irgendeiner die Aufmerksamkeit aller auf eine ganz andere Sichtweise einer »Wahrheit«, die vorher absolut unumstößlich schien. Und dann kann es zu einer spektakulären Entdeckung kommen. Nun macht auch das mühselige Datensammeln wieder Sinn. Denn jetzt ist es Belohnung. Wie damals, als eine am Johns Hopkins Institut arbeitende junge Biologin die ersten »Gefühlsmoleküle« (körpereigenen Opiate) im Gehirn und im Körper entdeckte.[23]

Wir müssen ja gar nicht gleich an die Relativitätstheorie und Einstein denken. Ohne kindliche Neugier, sagte er, und ohne eine große Portion Intuition hätten auch andere namhafte Wissenschaftler keine ihrer außerordentlichen Erfindungen gemacht. Sie waren »anders«, hatten sich nicht auf das Mittelmaß (wie die italienische Lehrerin es beklagt) zurückschneiden lassen.

Professor Ellen Langer meint, es würde uns gar nichts nützen, Schulen und überhaupt das gesamte Bildungs- und Erziehungssystem mit mehr Mitteln auszustatten, wenn nicht den Studenten (Schülern) die Möglichkeit gegeben wird, sinnvoller (more mindfully) zu lernen.

Dass das Gegenteil, nämlich das Beharren auf schablonenhaften Vorstellungen in der Kindererziehung, ungeheuren Schaden anrichten kann, dass es gesunde Gehirne buchstäblich verbilden kann – und zwar dauerhaft –, habe ich in meinen Büchern *Wer sind unsere Kinder* und *Gefühle – unser erster Verstand*[24] von der rein menschlichen ebenso wie von wissenschaftlichen Seite her untersucht. Hirnstrukturen und ihre Art, Botschaften in diesem Netzwerk hin- und herzuleiten, werden bei ständiger, womöglich noch mit Drohungen und Strafen verknüpfter Falschinformation buchstäblich verändert.

Das Organ Gehirn – ausgelegt für sinnvolle, dem Leben dienende Information – wird wie ein anderes Organ, ein Fuß, ein Nacken, eine Wirbelsäule, durch ständigen Fehlgebrauch nach und nach verbildet. Bei kleinen Kindern geht das ziemlich schnell.

Hier jedoch versuche ich den positiven Prozess darzustellen, den wir als Eltern oder Pädagogen fördern können. Denn auch Bemühungen, Kinder von Anfang an nach unserem Stärke- und Vertrauensmodell in ihren eigenen Ideen, Ambitionen und Fähigkeiten zu unterstützen, haben ebenso wie die negativen und falschen Informationen einen überraschend schnellen dauerhaften Erfolg. Glücklicherweise!

Ein Kind, ein unverbildetes Kind, das akzeptiert wird, wie es ist, denkt niemals mit »Autopilot«. Es zeichnet sich durch drei Qualitäten aus, die Ellen Langer als charakteristisch für sinnvolles Lernen auch bei Erwachsenen skizziert:

Erstens, es schafft ständig neue Kategorien,
zweitens, es ist offen für neue Information,
drittens, es hat keine Mühe, mehrfach die Perspektive zu wechseln, aus der es eine Sache betrachtet oder erlebt.

Zum Ersten: Neue Kategorien schaffen, das bedeutet, nicht

bei einem einmal angeeigneten Denkschema zu bleiben. Als Erwachsenen fällt uns das schwerer. Kinder, sogar Babys in den ersten Lebensmonaten, sind jedoch ständig damit beschäftigt, neue Vorstellungs- und Denkschemata zu entwickeln darüber, wie die Welt wohl beschaffen sein könnte und warum Handlungen zum Beispiel diese oder jene Folgen haben.[25] Sie schlagen sich vielleicht nicht so lange wie wir mit einmal gefundenen und anerkannten Schemata und Kategorien herum. (Wie sie wirklich in den ersten Wochen denken, weiß niemand genau, aber man hat es in vielen Forschungsversuchen abzuleiten versucht.) Darum können sie unbekümmert neue bilden.

Zum Zweiten: Offen für neue Informationen sein, das heißt, sie nicht gleich abtun, weil sie noch zu unbekannt sind, weil unser bisheriges Wissen uns sagt: »Das kann nicht sein.« Offen sein heißt, sie zunächst einmal näher zu untersuchen, aber nicht, sie gedankenlos als Wahrheiten nachzuplappern, was Erwachsene oft mit den Medieninformationen tun.

Zum Dritten: Leicht bereit sein, die Perspektive zu wechseln, das fällt selbst Wissenschaftlern oft schwerer, als sie zugeben möchten. Wir sagen dann, sie »verrennen sich in eine Idee«. Kindern passiert das kaum. Von vornherein nehmen sie in ihren Spielen zum Beispiel mehrere Standpunkte ein. Sie werfen ein Steinchen auf den Weg und sagen zur Mutter: »Schau mal, die schöne Blume.« Die anfangs vielleicht verdutzte Mutter geht dann darauf ein, sie »fängt den zugespielten Ball« auf und sagt, mit einem Stöckchen ein geräumiges Rund zeichnend: »O ja, da ist ja ein ganzer Garten.« Das Kind mag nach einer Weile die Arme ausbreiten und über den Kreis laufen: »Ich bin ein Vogel und suche die Samen der Blume.« Die Mutter: »Lauf, ich bin ein Hund und versuche dich zu schnappen!« Kind und Mutter wechseln in diesem Spiel mehrmals in ihren kleinen Aktionen die Perspektive. Rollenwechsel ist auch Perspektivwechsel. Der Mutter gelingt es, weil sie den kreativen Gedanken des kleinen Jungen folgt und sie weiterspinnt. Sie empfindet mit ihrem Sohn und lässt ihm gleichzeitig alle Freiheit, den Lauf der Geschichte zu steuern. Ein Mädchen kann im Spiel mal die Mutter sein, mal das Kind, das nicht essen will, mal der Schaffner und mal der Fahrgast, es kann als Polizist einem Dieb drohen, ihn ins Kittchen zu stecken, und dann wieder der Dieb sein, der bettelt, der Polizist solle ihn freilassen, und außerdem kann es eine ganze Gangsterbande anführen, hinter der der Polizist her ist.

Kindern kann man scheinbar unlösbare Probleme präsentieren, und sie finden erstaunlich schnell einen Weg für etwas, »was man machen könnte«. Auch wenn das oft nicht so zu verwirklichen ist, kann es uns auf Gedanken bringen.

Vor allem in ihren Spielen finden Kinder durch Perspektivwechsel viel heraus. Ein Stuhl ist natürlich kein Stuhl, sondern mal kann man ihn als Flugzeug durch die Lüfte fliegen, mal als Auto durch den Verkehr steuern. Das Tuch auf dem Stuhl ist – vor allem im schummrigen Abendlicht – ein kleines Monster und die Nachbarin mit den schiefen Zähnen eine böse Fee oder heute vielleicht eher ein bedrohliches Alien.

Die Stärke des Perspektivwechsels ist nicht auf Kinderspiel beschränkt, wie wir gesehen haben, sie zeigt sich bei jeder schwierigen Aufgabe oder Situation, die wir meistern müssen. Aber leider: Hans wird das *nicht* nutzen können, wenn Hänschen eingetrichtert wird: »Ein Stuhl ist ein Stuhl, basta.« Ich habe das bei einer Mutter beobachtet, die ihrem fast zwei Jahre alten Kind verbot, sein Kinderstühlchen als Flugzeug und einen Pappteller als Hut usw. zu benutzen. Ein Stuhl sei zum Sitzen da. Diese kleine Szene, um die sich noch einige andere einschränkende Ge- und Verbote der Mutter rankten, hat mich so deprimiert, dass ich die Familie nie wieder besucht habe.

Mit anderen Worten: Ein Kind ist noch unvoreingenommen. Normalerweise sehen wir es als uns gegenüber im Nachteil, weil es noch nicht so viele Erfahrungen gemacht hat. Aber bedenken wir, dass genau das gleichzeitig sein großer Vorteil ist. Denn Erfahrungen geben nicht nur Wissensvorsprung und öffnen nicht nur neue Wege, sie können Wissen auch sozusagen einfrieren und Wege versperren. Darum ist ein Kind a priori zu Besonderem fähig. Jetzt und auch später als Erwachsener, wenn wir es mit Vertrauen fördern, das heißt seine Fantasiegedankenspiele nicht unterdrücken oder in unsere eigenen Gedankenbahnen lenken. Und wenn wir uns dann auch noch selbst darauf einlassen, wie die Mutter, die mit ihrem Sohn Tulpen aus Steinchen erblühen lässt, dann zeigen wir damit, dass dieses kindliche unvoreingenommene, unbefangene Denken und Tun von uns hoch bewertet wird. Das Kind spürt diese Anerkennung. Sie verleiht ihm Stärke, lässt seinen Geist und seine Kreativität wachsen. Diese Stärke sollten wir in tausend kleinen, uns manchmal belächelnswerten Situationen des täglichen Lebens immer aufs Neue pflegen wie ein kostbares Pflänzchen. Sie pflegen heißt aber auch, sie zunächst akzeptieren. Akzeptieren, dass das Kind anders denkt, anders handelt, anders versteht, sich anders ausdrückt, andere Bedürfnisse hat und anders ist als wir. Und natürlich: Wir sollten dabei unsere eigene Gedankenfreiheit nutzen und ihm Vorschläge machen, wie man noch andere Perspektiven einnehmen, noch andere Regeln finden, noch neuere unbekannte Informationen und Mutmaßungen mit aufnehmen kann. Sein Kind akzeptieren heißt nicht, rigide zu allem sagen: »Toll!« Das Kind fühlt sich umso ernster genommen, je mehr eigene Fantasie, Vorschläge und Gedanken wir ins Spiel bringen – auch wenn sie im Widerspruch zu seinen stehen.

Schon bald wird das Pflänzchen Früchte tragen, die wir uns als Eigenschaften in unseren Kindern wünschen: Kraft,

Hoffnung und Optimismus. Später wird es allein durch unseren Glauben an den Wert seiner Vorschläge, Gedanken und Handlungen andere Menschen überzeugen und ihnen gegenüber im Vorteil sein.

Manchmal, wenn Sie das Bedürfnis überkommt, Ihr Kind bestimmend zu lenken, wenn es seine Ihnen »dumm« erscheinenden Vorschläge macht, Fragen stellt, Fantasiespiele spielt, halten Sie inne. Erinnern Sie sich wieder, dass es damit drei besonders wertvolle Eigenschaften zeigt:

- die Fähigkeit, neue Schemata und Regeln zu finden,
- die nie nachlassende Offenheit, neue Informationen mitzuverarbeiten (vorausgesetzt man behindert es nicht durch einschränkende Gebote oder gar Strafen),
- die Fähigkeit, ziemlich mühelos den Standpunkt, die Rolle und damit die Perspektive zu wechseln.

Hier haben Sie Schätze in Ihrem Kind aufgespürt, die es ein ganzes Leben lang stärken können, wenn Sie ihm Ihr Vertrauen zeigen.

Mit unterschiedlichen Temperamenten umgehen

Manche Eltern denken, wenn sie dieses Kapitel lesen, vielleicht: »Das mag ja alles für Kinder im Allgemeinen gelten, aber unseres ist so scheu, so unkooperativ, so unkonzentriert oder so schwierig ...«

Kinder im Allgemeinen gibt es nicht. Und es ist wahr, dass Eltern, wenn sie einmal selbst als Eltern »laufen gelernt« und über vieles nachgedacht haben, immer wieder ihre eigenen Entscheidungen treffen müssen.

Es wird ihnen leichter fallen, manche ihrer Kinder wirklich zu akzeptieren, wenn sie noch einmal über die Temperamentsunterschiede nachdenken. Eltern haben verschiedene, ganz bestimmte Wesensarten und Kinder ebenfalls.

Hier sollten wir sofort die Gelegenheit nutzen und unser gewohnheitsmäßiges Vorurteilsdenken überprüfen bzw. abschaffen. Es gibt keine Grundsätze, die für alle gelten.

Trotzdem brauchen wir alle ein bisschen Hilfestellung bei der schwierigen Aufgabe der Erziehung. Versuchen wir also, um es uns leichter zu machen, unser Kind zunächst einmal für uns selbst in seiner Wesensart zu umschreiben. Nicht, um ihm ein Etikett aufzudrücken, sondern um nichts Unmögliches von ihm zu erwarten. Denn das hindert uns, es seinem Wesen gemäß zu akzeptieren. Unmögliches zu erwarten schafft Frustrationen, die das Kind in seinem Selbstwertgefühl untergraben und uns quälen. Statt seinem Wesen entsprechend realistische Ziele *mit Befriedigung* zu verfolgen, treiben wir es in Sackgassen.

Gehört Ihre Tochter oder Ihr Sohn eher zu den »einfachen Kindern«?

Wenn das zutrifft, wissen Sie es, ohne zu überlegen. Denn es gibt Ihnen bestimmt das Gefühl, dass Sie wunderbare Eltern sind. Kinder, die *easy going* sind, geben Ihnen durch ihr Verhalten immer neue Belohnungen. Wenn Eltern von ihnen sprechen, dann berichten sie, wie gut sie sich mit ihren Spielgefährten verstehen, wie einsichtig sie sind, wie problemlos sie soziale Regeln befolgen, wie gutmütig sie sind und wie leicht ihnen das Lernen fällt und noch vieles mehr. Mit alldem geben sie ihren Müttern und Vätern das Gefühl kompetent zu sein.

Ihre »biologische Ausstattung« mit einem glücklichen Temperament lässt sie jedoch nicht vor Misserfolgen, Schwierigkeiten und Frustrationen gefeit sein, sowohl in

Beziehungen als auch in der Schule. Nur bei ihnen ist die Wahrscheinlichkeit, dass sie an solchen Situationen scheitern, ziemlich gering.

Eltern, die ihr Kind als »einfach«, »leicht zu haben«, »leicht zu leiten«, »kooperativ« empfinden, haben häufig ein ähnliches angenehmes Temperament. Und: Es ist gar nicht gesagt, dass das Kind wirklich so einfach ist im Vergleich zu anderen. Die Wahrnehmung von Eltern, deren Wesensart stark mit der ihres Kindes übereinstimmt (manchmal ist das nur bei einem Elternteil der Fall), gibt ihnen das Gefühl, es sei leicht, mit ihm umzugehen. Es fällt ihnen dann auch leicht, das Kind zu akzeptieren. Alles in allem ist das eine tolle Voraussetzung dafür, dass sich zwischen den Partnern das Stärke- und Vertrauensmodell entfalten kann. So verschaffen sich beide Seiten – ideal für einen guten Beziehungs- und Lernprozess – gegenseitig das Gefühl, liebenswert und kompetent zu sein.

Gehört Ihr Kind eher zu den »schwierigen«, »problematischen«?

Trifft das zu, dann ist es schwerer, es zu charakterisieren. Wahrscheinlich gibt es Ihnen das Gefühl, eine ziemlich unzulängliche Mutter (Vater) und »mit Ihrem Latein oft am Ende« zu sein. Manchmal entsteht dieser Eindruck gleich nach der Geburt und vielleicht sogar schon vorher. Die Mutter fühlt sich während der Schwangerschaft nicht recht wohl, und das Ungeborene (und dann das Neugeborene) ist »so anders, als unsere Luise war«, und gibt einfach nie Ruhe. Wahrscheinlich empfinden Sie, es habe eine Ihrer eigenen recht entgegengesetzte Wesensart. Sie scheinen sich beide so unähnlich. Aber Vorsicht. Auch der Eindruck kann täuschen. Für einen Beobachter von außen sind Sie einander im Wesen vielleicht gar nicht so unähnlich. Möglicherweise teilen Sie, Ihnen nicht bewusst, die gleiche Übersensibilität, sodass Sie ebenso leicht irritierbar, ebenso leicht aus dem Gleichgewicht zu bringen sind wie Ihr Kind. Das macht den Umgang miteinander nicht gerade einfach.

Als schwierig empfundene Kinder sind oft überempfindlich für Berührungen und Geräusche, sie schrecken leicht zusammen und schreien als Babys oft. Es fällt ihnen schwerer als anderen, einen ausgeglichenen Schlaf-Wach- und Essrhythmus zu finden. Die größeren scheinen selten zufrieden. Sie ertragen es nicht, dass ihnen ein Wunsch abgeschlagen wird. Sie fordern ununterbrochen Aufmerksamkeit, sind ungeduldig, scheinen so unersättlich, dass die Mütter meist völlig erschöpft sind. Viele können ihre Impulse schlecht kontrollieren.

Mit diesen Kindern müssen Eltern sehr erfinderisch sein. Es wird ihnen helfen, wenn sie erkannt haben, dass ihr kleiner Sohn oder ihre kleine Tochter einfach nicht aus ihrer Haut herauskann. Es hat also keinen Sinn, ihnen Dinge abzuverlangen, die sie völlig aus dem Gleichgewicht bringen, denn dann geht überhaupt nichts mehr.

Verhaltensweisen, mit denen Mütter bei dem *einen* Kind sehr erfolgreich waren, sodass sie dachten, wie kompetent sie als Erziehende seien, können mit dem so ganz *anderen* Geschwisterkind völlig versagen. Allgemeine Regeln gibt es nicht. Sie müssen herausfinden, was mit diesem schwierigen Kind »geht«, ihm in bestimmten Anforderungssituationen am gemäßesten ist und auch, was für Sie, die Eltern, und das Kind am praktischsten ist.

Inga musste feststellen, dass von ihrem siebenjährigen William absolut nicht zu erwarten war, dass er nachmittags eine Zeit lang still über seinen Hausaufgaben saß. Anfängliche Kämpfe, die die beiden miteinander aufführten, endeten jedes Mal in Tränen, Wutausbrüchen und Enttäuschungen. Strafen, wie nicht draußen spielen, nicht fernsehen usw., hatten noch entmutigendere Folgen. Die Mutter hatte bemerkt, dass der Junge überhaupt nicht lange bei einer Sache blieb, nicht bleiben *konnte*, wenn er aus der Schule kam, sondern viel Bewegung und »action« brauchte. Sie sprach mit ihm darüber: Wie stellte er sich vor, seinen Nachmittag zu gestalten? Wie würde es ihm am leichtesten fallen, seine Hausaufgaben zu erledigen? Sie fanden gemeinsam heraus, dass es am besten war, sie in kleine »Häppchen« aufzuteilen. Die Mutter würde dann in seiner Nähe bleiben und ihm hin und wieder über die Schulter sehen, damit er nicht gleich ins Stocken geriet. Dann wollte er erst mal eine Stunde im Garten herumtoben oder radfahren. Zwei weitere Hausaufgabensitzungen, beide kurz genug, um nicht zu viel Bewegungslosigkeit von ihm zu verlangen, sollten folgen. Sie sollten unterbrochen werden von einer Pause, in der das Kind tun konnte, wozu es Lust hatte. Die Mutter guckte William während der Aufgaben gelegentlich über die Schulter. Manchmal sagte sie: »Oh, du hast ja schon viel geschafft!« oder »Das ist wirklich schwierig, nicht wahr?«, und drückte ihn kurz und fest am Arm, wenn er Flüchtigkeitsfehler machte. Alles in allem gelang der Versuch. William fühlte sich ernst genommen und verstanden und allein dadurch war seine Bereitschaft zur Kooperation größer. Er bemerkte, dass die Hausaufgaben gar nicht anstrengend waren, und die Mutter leistete ihm mit ihren unauffälligen, aber spürbaren Zuwendungen (Anteilnahme, fester Druck an der Schulter, kurzes Streicheln durch die Haare, Bekundung freudiger Überraschung, wenn er etwas gut geschafft hatte, Ermutigungen hier und da) wertvolle Hilfe, um seine Aufmerksamkeit über kurze Spannen aufrechtzuerhalten. Beide kamen sich nun wieder kompetent vor, und bald wollte William den größten Teil seiner Aufgaben doch lieber in einem Stück machen. Er überzeugte sogar seine Mutter, dass er sich bei Musik besser konzentrieren konnte und dass es Tage gab, wo er zwischen jeder Aufgabe, die es zu behalten oder zu schreiben galt, herumhüpfen musste, eben seine Art, seine Wahrnehmungssysteme ins

Gleichgewicht zu bringen. Es ging nicht immer alles reibungslos und in manchen unerwarteten Stresssituationen gerieten Mutter und Sohn noch ziemlich aneinander. Aber William hatte verstanden, dass seine Mutter (auch, wenn sie mal ungeduldig wurde oder keine Zeit hatte) ihn grundsätzlich in seinen Eigenheiten akzeptierte und nicht umkrempeln wollte. Besonders wichtig war für ihn zu spüren, dass sie ihn genauso liebte wie die ältere Schwester, die überhaupt keine Mühe hatte, sich zu konzentrieren, und immer gut gelaunt war. Seine Mutter sagte ihm jetzt öfter, sie sei stolz, dass sie beide eine gute Lösung gefunden hatten. Er gestand ihr eines Abends, dass er vorher geglaubt hatte, sie habe ihn nicht so lieb wie die Schwester. Die Mutter verstand, dass sie es ihm häufiger zeigen musste.

Bei einem anderen »schwierigen« Kind ist die hier gefundene Strategie vielleicht nicht angemessen. Es muss sich nach der Schule vielleicht erst einmal mit seinem Flugzeugbastelmodell in sein Zimmer zurückziehen können. Dann findet es leichter sein inneres Gleichgewicht wieder, das durch den langen Schultag verloren gegangen war.

Ein anderes Kind wiederum ist vielleicht so zappelig, dass die Mutter nie mit ihm einkaufen gehen kann, ohne dass dabei im Laden irgendetwas kaputtgeht. Alles möchte es anfassen, in die Hand nehmen, überall eckt es an und langt hinein. Statt das Kind ununterbrochen zu schelten oder zu bestrafen, fand die Mutter heraus, dass es besser war, es bei solchen Gelegenheiten bei einer Nachbarin und ihrem gleichaltrigen Kind zu lassen. Die beiden Mütter wechselten sich ab mit Einkaufen und Auf-die-Kinder-Aufpassen. Ebenso sollten manche Eltern darauf verzichten, ihre Kinder mit ins Restaurant zu nehmen, wenn sie schon voraussehen können, dass es ihre Sprössling auf eine unzumutbare Geduldsprobe stellen wird. Statt einen unerfreulichen Kampf in Kauf zu nehmen, bei dem es nur Verlierer und strafende

Blicke gäbe, könnten sie es machen wie die Mutter beim Einkaufen. Ein gelegentliches Arrangement mit Bekannten, wo die Kinder über Nacht bei ihren Freunden bleiben können, erlaubt es vielleicht seltener, auszugehen, dafür aber den Abend zu genießen.

Das alles lässt sich nie für alle Kinder anwenden, und manchmal sind die banalsten, einfachsten Tricks, sich praktisch zu helfen, die besten.

Wenn zwischen Kind und Eltern gar nichts mehr harmonisch abzulaufen scheint und sich die Erzieherin oder der Lehrer über das Kind beklagt, ist Hilfe von professioneller Seite notwendig. Das Kind müsste vielleicht einmal neurologisch auf Wahrnehmungsstörungen untersucht werden. Wenn es, wie viele, unter solchen Störungen leidet, steht es immer unter Druck. Es muss dann immer glauben, dass wir Unmögliches von ihm verlangen und dass es nicht wie andere Kinder Anerkennung verdient.

Bei diesen Kindern geht es vor allem darum, sie nicht in Selbstenttäuschung und das Gefühl der Wertlosigkeit abrutschen zu lassen. Dann würde alles nur noch schlimmer. Mehr als bei anderen gilt es, ihre Stärken und Neigungen aufzuspüren. Bei welchen Spielen, Tätigkeiten oder Aufgaben scheinen sie am zufriedensten, konzentriertesten, ruhigsten oder enthusiastischsten zu sein? Was widerstrebt ihnen und was nicht? Was motiviert sie?

Es geht dabei nicht, wie ich schon mehrfach betont habe, um Nachgeben, um Alles-gut-Heißen und Alles-durchgehen-Lassen. Aber vergessen wir nicht: Diese Kinder stoßen ständig an Grenzen, ihre eigenen und die, die eine zum Teil gar nicht kindgerechte Umwelt ihnen entgegensetzt. Viele ihre Wahrnehmungs- und Verhaltensstörungen werden überhaupt erst durch diese »unnatürliche« Umwelt und ihre Regeln hervorgerufen! Wechseln Sie doch einmal die Perspektive und erkennen Sie: Ist nun Ihr Kind oder ist seine Umwelt gestört? Vielleicht lässt sich an der familiären Lebensweise, der Wohn- und Arbeitssituation etwas ändern?

Vielleicht gehört sogar Ihre eigene, Ihnen anerzogene eingeengte Sicht Ihres Kindes zu den Umweltfaktoren, die es aus dem Gleichgewicht bringen. Dass ein Kind stört, heißt nicht, dass es gestört ist! Aber wir (oder die Lehrer oder andere) können es unter einer solchen irrtümlichen Annahme zu einem gestörten Kind machen. Gehen wir nicht in Fallen, die die Umwelt (Beruf, Kollegen, Freunde, Nachbarn, Verwandte) uns stellt.

Die schwierigen Kinder sind in jedem Fall viel mehr Frustrationen ausgesetzt als die »einfachen«. Ihre Hypersensibilität, gekoppelt mit nicht adäquaten und gut miteinander arbeitenden Wahrnehmungen, macht sie zum Spielball ihrer eigen heftigen Empfindungen, mit denen sie nicht umgehen können.

Das Stärke- und Vertrauensmodell ist bei ihnen besonders wertvoll. Denn das, worauf wir bei ihnen bauen können, egal welche besonderen Schwierigkeiten sie haben, ist, dass sie ihr Selbstvertrauen behalten oder wiedergewinnen. Dass sie mit diesem Vertrauen in sich selbst und dem Verständnis ihrer Eltern (hoffentlich auch der Lehrer, die es mit den zu großen Klassen schwer haben!) ihren eigenen Motivationen folgen können und uns herausfinden helfen, wie sie am besten zurechtkommen. Sie sollen und wollen ja all die kleinen und großen Aufgaben meistern wie die anderen auch und vielleicht oft viel besser.

Sie brauchen Erfolgserlebnisse. Umso mehr als sie nicht nur von uns, sondern auch von anderen nicht akzeptiert werden. Ein solcher Mangel an Anerkennung und Akzeptiertwerden ist leider ein fruchtbarer Boden für eine Verliererhaltung, für Resignation und Defätismus, für ein Denken nach dem Muster »Es hat ja doch keinen Sinn«. Wenn sich eine solche innere und äußere Haltung bei Ihrem Kind installiert, merken Sie es am leichtesten daran, dass es nicht mehr lacht und Sie nicht mehr anlächelt. Umgekehrt können die Fröhlichkeit und das spontane Lachen dieses Kindes für Sie ein Indikator sein, dass Sie bei ihm Erfolg haben und das Richtige zu seinem Wohl herausgefunden haben. Lacht Ihr Kind, haben Sie ins Schwarze getroffen.

Mit anderen Worten: Von der Geburt eines Kindes an müssen wir an unserer eigenen zu seinen einzigartigen Qualitäten passenden Erziehung arbeiten, um die richtigen Eltern zu werden. Wir müssen uns auf dieses Kind einstellen. In diesem Geist fördern wir seine Widerstandsfähigkeit gegenüber den Ungewissheiten seines zukünftigen Lebens.

Vergessen wir nicht, auch diese als schwierig empfundenen Kinder besitzen all die wertvollen Qualitäten des Kindseins, die wir weiter oben erläutert haben. Und vielleicht haben sie sogar noch eine besondere Sensibilität, damit umzugehen.

Gehört Ihr Kind zu den Scheuen, Zurückgezogenen?

Wenn das der Fall ist, werden Sie sicher oft denken oder sagen: »Sie (oder er) ist so schüchtern. Nichts traut sie sich. Sie braucht ewig, bis sie mit anderen oder einer neuen Situation warm wird.« Tatsächlich wirken diese Kinder auch auf andere als besonders vorsichtig, zurückhaltend, vor allem, wenn sie mit neuen Situationen konfrontiert werden. Sie hängen an Mamas Schürzenzipfel, lassen die Hand des Vaters nicht los, wollen gern auf dem Schoß sitzen. Sie ziehen sich leicht zurück, wenn andere in sportlichen Spielen vorpreschen. Sie schauen weg, wenn sie von Unbekannten, ja sogar von Freunden begrüßt werden. Sie wirken oft abwesend und uninteressiert. Sie beobachten andere oft erst stundenlang beim Spielen, bevor sie mitmachen. Aber der Eindruck täuscht. Auch sie sind gern mit Freunden und hätten gern Spaß mit ihnen, nur sind sie oft zu ängstlich.

Dieses ängstliche Verhalten, wenn es darum geht, mit Kameraden einen Ausflug zu machen, Schwimmen oder Radfahren zu lernen, macht Eltern oft wütend. Sie empfinden das Verhalten ihres Kindes als frustrierend für sie. Jerome Kagan spricht bei ihnen vom »Kampf- oder Fluchtsyndrom« *(fight or flight)*, weil sie physisch erregt wirken, sobald nur die harmlosesten Veränderungen in ihrem Umfeld auftreten. »Es ist, als seien sie immer in Bereitschaft, mit Stress zu reagieren und von jeder auch nur im Geringsten ungewöhnlichen Situation völlig aus dem Gleichgewicht zu geraten«, charakterisieren sie Brooks und Goldstein.[26]

Auch hier hat es keinen Sinn, wenn Eltern gegen die Natur ihres Kindes anzugehen versuchen, es um jeden Preis zur Tapferkeit erziehen wollen. Am schlimmsten ist es für diese Kinder, wenn ihre Eltern nach der Überzeugung handeln: »Gelobt sei, was hart macht.« Man hat in der Vergangenheit unserer Geschichte, die mit Massenvernichtungen und Kriegsunglück endete, sehen können, dass dieser Grundsatz ängstliche Duckmäuser oder Verrückte und Größenwahnsinnige hervorbringt. Mit gewaltsamem, vergewaltigendem oder auch nur stark Druck ausübendem Verhalten erreichen Eltern bei diesen scheuen (und bei allen anderen) Kindern genau das Gegenteil von dem, was sie erhoffen.

Auch diese Kinder sind meist hochsensibel und haben häufig Wahrnehmungsstörungen. Sie reagieren anders, aber genauso heftig auf »Störungen«, die ihnen aus der Umwelt aufgezwungen werden.

Es geht nicht darum, sie wie rohe Eier zu behandeln, sondern unser ganzes bisher gelerntes Konzept von Vertrauen und Stärke einzusetzen. Sie gut kennen lernen, mit ihnen fühlen, sich an ihre Stelle versetzen, aufmerksam kommunikativ mit ihnen umgehen, sie akzeptieren, wie sie sind, um ihre Schätze wie aus einer tief im Berg liegenden Goldader auszugraben. Diese Kinder verfügen häufig über ganz besondere Schätze. Sie sind häufig schon kleine Künstler, Philosophen, Schriftsteller oder Musiker. Viele haben das Zeug zu Ärzten oder Psychologen, zu Tierpflegern oder liebevollen Gärtnern. Sie spüren die Feinheiten in ihrer Umgebung. In Menschen, Farben, Geräuschen, Berührungen. Lassen wir sie um Gottes willen sie selbst sein. Sie werden mutiger, umgänglich-soziabler, interessierter, wenn wir ihnen Zeit und Geduld geben. Wenn uns das nicht leicht fällt, weil wir selbst vielleicht eher zu den Draufgängern und Geselligen zählen, müssen wir bei uns selbst ansetzen und an unserer auf das Kind abgestimmten Sensibilität arbeiten. Und wenn uns das unmöglich ist, es jedenfalls so akzeptieren, wie es ist. Auch wenn wir uns einen kleinen Arnold Schwarzenegger gewünscht hätten!

Ich habe es am Anfang dieses Buchs gesagt. Das Stärke- und Vertrauensmodell ist nicht für bestimmte Kinder da. Je schwieriger oder außerhalb der (fragwürdigen) Norm der »einfachen« unsere Kinder uns erscheinen, ob gesund, behindert, »schwierig« oder »scheu«, desto hilfreicher ist dieses Erziehungskonzept. Wenn wir es auf der Grundlage all der von uns erkannten Voraussetzungen – vor allem Mitgefühl und Akzeptieren – anwenden und uns nicht durch überkommene Vorstellungen irritieren lassen, werden wir uns wundern, welche Schätze wir in unseren Kindern zutage fördern. Ich selbst habe die Erfahrung mit einem von allen Spezialisten aufgegebenen Kind gemacht und möchte alle Eltern dazu ermutigen.

Rufen wir uns noch einmal ins Gedächtnis:

- Unser Kind so zu akzeptieren, wie es ist, ist genau so wichtig wie Kennenlernen, wie Mitgefühl zu zeigen und die Kommunikation immer aufrechtzuerhalten.

- Sich akzeptiert zu fühlen erlaubt, Selbstvertrauen, Vertrauen in andere und Stärke zu entwickeln.
- Es bedeutet, sich reale Ziele setzen zu können.
- Ein Kind, das sich akzeptiert fühlt, ist anderen gegenüber im Vorteil.

Wir zeigen Kindern, dass wir sie akzeptieren,
- wenn wir erkennen, dass nicht alle Kinder gleich sind, auch Geschwister nicht,
- wenn wir ein positives, anerkennendes, vertrauensvolles Klima schaffen,
- wenn wir realistische Ziele mit ihnen gemeinsam verfolgen,
- wenn wir das Besondere an Kindern nicht nach unseren Erwartungen zurechtstutzen,
- wenn wir zusammen mit unseren Kindern fähig sind, die Perspektive zu wechseln,
- wenn wir verstehen, dass weniger zu wissen und weniger Erfahrungen zu haben ein Vorteil sein kann,
- wenn wir erkennen, dass alle Kinder Qualitäten haben, die sonst nur hervorragende Erwachsene auszeichnen.

Was uns hindert, unsere Kinder zu akzeptieren:
- falsche Erwartungen
- Beharren auf schablonenhaften Denkweisen
- Denken mit Autopilot

Nichtakzeptieren heißt, ein Kind schwächen, es dumm machen.

Niederlagen und Erfolg positiv erleben

Mit Fehlern umgehen

Mancher wird sich über die Kapitelüberschrift wundern. Wieso werden hier zwei ganz verschiedene Dinge in einen Topf geworfen, wieso wird so Gegensätzliches auf eine Ebene gehoben? Der Grund ist, beide haben eines gemeinsam. Es ist weitgehend von unserem Temperament abhängig, wie wir mit dem einen und dem anderen umgehen. Natürlich spielen auch hier Erziehung und besondere persönliche Erfahrungen, die uns oft er- oder entmutigt haben, mit hinein. Und ganz bestimmt kommt es darauf an, ob das soziale Umfeld eines Kindes eher bescheiden oder anspruchsvoll ist. Mit großer Wahrscheinlichkeit wird es sich daran messen. Eins ist sicher, nicht alle Menschen, das heißt auch nicht alle Eltern und vor allem nicht alle Kinder, erleben Erfolg oder eigene Fehler in der gleichen Weise.

Bei den Fehlern ist das offensichtlicher und leichter zu verstehen. Fangen wir darum mit ihnen an. Wenn eine Aufgabe oder ein Spiel durch einen Fehler misslingt, vermissen wir die Genugtuung, es geschafft zu haben, uns als Sieger zu erleben. Wir werden uns unserer Schwächen bewusster oder fühlen uns darin bestätigt. Die Art und Weise, damit umzugehen, ist der Schlüssel für eine selbstvertrauende Haltung und für soziale Stärke. Susanne beschuldigt nach einer misslungenen Matheaufgabe ihren Lehrer, der die Aufgabe angeblich nicht verständlich genug gestellt hat. Mirijam, die auch zu einem falschen Ergebnis gekommen ist, geht nach dem Unterricht zu einem Freund oder vielleicht sogar zum Lehrer und lässt sich erklären, warum ihr Gedankengang sie in die Irre geführt hatte. »Damit es mir nicht noch mal passiert«, sagt sie. Mike dagegen kassiert seine schlechte Zensur ein und sagt resigniert: »Was anderes habe ich auch gar nicht erwartet.« Als die Eltern ihn fragen, warum, antwortet er: »Na ja, eben so. Ihr denkt doch auch, ich bin ein Versager.«

Drei Haltungen. Die erste, von Susanne, ist typisch für Menschen, die immer den Fehler bei anderen suchen. Die von Mike zeugt von einer sehr geringen Selbstachtung. Beide Arten, mit Fehlern umzugehen, schwächen ein Kind, programmieren schon den nächsten Misserfolg.

Mirijams Haltung dagegen zeugt von Widerstandskraft, von Stärke und Vertrauen in sich und andere Menschen. Sie ist charakterisiert durch das, was wir *resilience* genannt haben. Diese Haltung birgt auch für die Zukunft Stärke und Erfolg in sich. Denn das Mädchen zählt letzten Endes auf sein eigenes Handeln, Denken und Wollen. Und es zeugt von Klugheit und Selbstbewusstsein, die Hilfe anderer dabei nicht zurückzuweisen.

Sehr wahrscheinlich werden Eltern, die jetzt überlegen, wie ihr Kind wohl bei Fehlern und in frustrierenden Situationen reagiert, auf die im vorigen Kapitel aufgezeigten Temperamente stoßen. Das Kind, das wir als eher scheu, schüchtern und meist zurückgezogen beschrieben haben, neigt wahrscheinlich zur resignierten Reaktion von Mike. Kinder, die sehr lebhaft nach außen agieren (sehr extrovertiert sind) und die gleichzeitig eher unkonzentriert und schwierig scheinen, neigen mehr dazu, die Fehler nach außen zu verlagern. Sie behaupten: Die anderen sind schuld. Unkomplizierte, selbstbewusste wie Mirijam scheinen keine Mühe zu haben, eigene Schwächen einzugestehen, andere um Hilfe zu bitten und aus ihren Fehlern zu lernen, also sie letztlich in eine positive Erfahrung umzuwandeln.

Kinder, die eine positive Strategie haben, mit Fehlern umzugehen:

- Sie geben weder auf noch beschuldigen sie andere oder die Situation, sondern sind bereit, andere Wege als die bereits beschrittenen zur Problemlösung auszuprobieren.
- Sie sehen sich um, wer ihnen dabei helfen könnte, Lehrer, Eltern oder Freunde. Sie vertrauen auf deren Bereitwilligkeit und darauf, dass sie es mit dieser Unterstützung besser machen können.
- Sie sind überzeugt, dass man in schwierigen Situationen und an schwierigen Herausforderungen wachsen kann.
- Sie erkennen und sehen ein, wenn etwas über ihre Kräfte geht. Sie denken aber, dass sie es zu einem späteren Zeitpunkt schaffen könnten.
- Optimismus, Hoffnung und Realismus ziehen sich wie ein roter Faden durch ihr Leben.

Obwohl alle Eltern sich Kinder wünschen, die nach diesem Modell, dem der Stärke und des Vertrauens, reagieren und agieren, sind nun einmal nicht alle so. Und sehr viele sind nicht so, weil sie eben von ihrem angeborenen Temperament her nicht so gut ausgerüstet sind. Bei einigen setzen Krankheiten, besonders chronische Krankheiten oder Behinderungen, gewissen Aktivitäten Grenzen. Für Eltern ist es wichtig, das zu erkennen, damit sie realistisch mit ihnen umgehen, sie nicht unter den Druck unsinniger Erwartungen stellen, sie als Erstes einmal akzeptieren als das, was sie sind, so wie wir es im vorigen Kapitel beschrieben haben.

Dieses Buch würde jedoch nicht geschrieben werden, wenn das alles wäre. Weder ich noch andere Psychologen und Wissenschaftler, die über das Geheimnis von *resilience* – Widerstandskraft in Selbstvertrauen und Stärke – bei Kindern geforscht haben, meinen, Temperament und überhaupt unsere angeborenen Eigenschaften seien ein unentrinnbares Schicksal. Ein Mädchen oder Junge zum Beispiel, das oder der Pilot werden möchte und auch alle geforderten Fähigkeiten erworben hat und mitbringt, um diesen Beruf auszuüben, wird abgewiesen, weil er oder sie eine Sehbehinderung hat. Er oder sie kann aber mit hoher Wahrscheinlichkeit einen der Fliegerei nahe stehenden Beruf ausüben, der genauso qualifiziert und verantwortungsvoll ist. Ein Kind, das in allen Arbeiten und Tests versagt, die sich auf mathematische Fähigkeiten gründen, aber sprachlich, sozial und manuell hohe Werte erreicht, leidet vielleicht an einer Störung in seiner Wahrnehmungsverarbeitung in einem ganz bestimmten Bereich. Vielleicht macht ihm die abstrakte Materie einfach keinen Spaß. Auch mit einer Fünf in Mathe und Physik kann es ein guter Journalist, Krankenpfleger, Dolmetscher oder Gärtner werden. Dies sind nur Beispiele.

An irgendwelche Grenzen stoßen alle Menschen, auch die Begabtesten und Ausdauerndsten. Zum Schicksal wird eine Schwäche eines Kindes in bestimmten Bereichen erst dann, wenn sich bei ihm die Vorstellung festsetzt, es sei ein Versager oder (und) es könne nichts zu Ende bringen, oder auch, wenn es denkt, an Grenzen zu stoßen sei typisch für sein Leben. Seine Misserfolge nehmen dann lebensbestimmende Dimensionen an, obwohl sie vielleicht ursprünglich geringfügig oder sehr begrenzt waren.

Wie Erwachsene Kindern helfen oder sie hemmen können

Eltern und alle für ein Kind bedeutsamen Erwachsenen und Freunde können dem Kind helfen, ein solches Schicksal abzuwenden und sich stattdessen ein Schicksal selbst zu formen und zu erwerben, das wirklich ihm gehört. Goethe hat es wie so vieles anderes auf den Punkt gebracht: »Was du ererbt von deinen Vätern hast, erwirb es, um es zu besitzen.« Das heißt doch, das Erbe allein – ob biologisch oder materiell, positiv oder negativ – ist nicht viel wert, ja es ist nicht einmal wirklich unseres, geschweige denn bestimmt es uns. Erst das, was wir daraus machen, ist unser eigen. Und wir sind dafür verantwortlich, was weiterhin daraus wird. Das gilt auch für Eltern: Ihr Kind ist ihnen gegeben, damit sie gemeinsam mit ihm die Schätze in seinem Erbe ausgraben und mit ihm entdecken, was es damit anfangen kann.

Es kommt leider häufig vor, dass Eltern durch ihre eigene defätistische Grundhaltung oder ihre frustrierten Erwartungen das Kind erst zu einem notorischen Verlierer machen. Es müssen gar nicht immer Strafen für schlechte Zensuren, vorwurfsvolle oder ermahnende Bemerkungen sein. Es genügt, Sätze fallen zu lassen wie »Wenn du dich mehr angestrengt hättest, wäre das nicht passiert«, »Na, jetzt wirst du dich eben noch ein bisschen mehr dahinter klemmen, dann klappt es schon«, »Dein Vater hat das doch auch geschafft« oder »Wir hatten uns so sehr gewünscht ...«, und das Kind, anfänglich nur ein wenig niedergeschlagen, ist nun vollkommen entmutigt. Es bekommt das Gefühl, nicht verstanden zu werden, denn es *hat* ja schon sein Bestes gegeben. Und wenn es sogar noch mehr geben könnte, wäre die Folge, dass man noch mehr von ihm erwartete. Dem entziehen sich manche Kinder, indem sie sich zum Versager erklären. Eine Art Schutz vor zu großem Druck und vor allzu vielen Enttäuschungen.

Wir haben einen wesentlichen Einfluss darauf, ob ein scheues Kind aus seiner Temperamentsfärbung eine graue, defätistische werden lässt und sich generell als Verlierer erlebt, oder ob es all seine Qualitäten, die es zu Erfolgen befähigen, die ihm Freude und Befriedigung verschaffen können, entwickelt. »Entwickelt«, denn da ist ja so viel, das nur darauf wartet, entdeckt und gefördert zu werden. Alles, was ich eingangs beschrieben habe, kommt zur Anwendung, wenn wir ein Kind haben, das zu Resignation, niedriger Selbstachtung und niedrigem Selbstvertrauen neigt. Ebenso bei dem schwierigen Kind, das Fehler immer bei anderen sucht. Auch ihm fehlt Selbstvertrauen und Vertrauen in andere, sonst würde es nicht nach solcher Ausflucht suchen. Eine pessimistische, eher zu Misstrauen neigende Haltung kennzeichnet Kinder wie Susanne oder Mike. Und manchen von ihnen erziehen wir sie sogar leider an.

Wir wollen jedoch Selbstvertrauen und Stärke in unseren Kindern als Basis für Optimismus, Kompetenz und Erfolg fördern. Überall, in jeder banalen alltäglichen Situation, wo unser Kind diese Qualitäten zeigt, können wir sie nutzen, um darauf aufzubauen. Unermüdlich, wie Ameisen, die aus winzigen Elementen einen großen und erstaunlich sinnvollen Bau konstruieren. Wir wollen bei einem Kind nicht an Mängeln herumdoktern, wie es ohnehin allzu viele in seinem Umfeld tun, sondern herausfinden, wo es Inseln der Stärke und des Selbstvertrauens hat, auf denen wir aufbauen können.

Das ist leichter gesagt als getan. Ich weiß aus meiner Erfahrung als Mutter und mit Eltern, die mich um Rat gefragt haben, wie händeringend wir manchmal nach einem guten Weg suchen, wie wachsam wir dabei sein müssen, positive Ansätze nicht achtlos zu zertreten, und wie viel Einfallsreichtum notwendig ist, um die Lösung oder die Strategie zu finden, die genau für unsere Tochter oder unseren Sohn passt.

Um klarer zu sehen und sinnvoll vorgehen zu können, sehen wir uns noch einmal die häufigsten Strategien unserer Kinder im Umgang mit Niederlagen, zum Beispiel Fehlern, die sie gemacht haben, oder mit schlechten Zensuren an. Vielleicht kommen wir dabei schon auf konstruktive Ideen.

Zunächst die schlechten Strategien:

- Fehler, Niederlagen nicht wahrhaben wollen. Das ist eine Flucht ohne Ausweg.
- Fehler bei anderen oder in den äußeren Umständen suchen. Auch das ist eine Flucht vor der Realität und erlaubt keine Abhilfe. Das Kind versucht nichts wirklich anders als vorher zu machen. Diese Haltung erlaubt keine Entwicklung.
- Das Gesicht zu wahren versuchen, indem man der Klassenkasper wird oder durch irgendwelche andere Verhalten ersatzweise Aufmerksamkeit und Erfolg sucht.
- Perfektionisch sein, unrealistische Erwartungen an sich selbst haben. Nicht erkennen, wo man Stärken und Schwächen hat.
- Alles um jeden Preis allein schaffen wollen, keine Hilfe suchen. Mit niemandem über seine Probleme reden.
- Resignation, sich selbst aufgeben, nach dem Motto: »Ich bin eben ein Versager.« Häufig ist dies eine »gelernte Hilflosigkeit«. Das Kind hat gelernt, sich so zu sehen.
- Den Stress der erlebten Niederlagen in psychosomatischen Krankheiten ausleben. Im schlimmsten Fall sogar Suizid.

Eltern, die eine oder mehrere dieser negativen Strategien bei ihren Kindern erkennen, können jetzt gezielter darüber nachdenken, wie sie ihrem Kind, je nach seiner Eigenart, das Gefühl der Stärke und des Selbstvertrauens zurückgeben können. Dafür können wir uns zwar an Beispielen orientieren, uns auf Ideen bringen lassen, müssen jedoch letztlich in jeder Situation selbst erfinderisch sein. Das fällt uns leichter, wenn wir, wie ich vorher aufgezeigt habe, Mitgefühl mit den Empfindungen unseres Kindes haben und es als Persönlichkeit akzeptieren.

Ein Elternpaar beklagt sich, weil ihr elfjähriger Sohn Alexander, dessen Leistungen ihnen vom Lehrer als unzulänglich geschildert werden, jedes Mal auf dem Weg in die Schule ein anderes Kind tätlich angreift. Er scheint nichts gegen einen bestimmten Jungen oder ein Mädchen zu haben. Es ist wie ein Automatismus: Irgendjemand, der ihm beim Betreten der Schule begegnet, kriegt seine Aggression ab. Alexander wird des Öfteren verwarnt und vom Unterricht ausgeschlossen. Das verschlimmert alles nur noch, zumal er in der Klasse wegen seiner Aufmerksamkeits- und Lernprobleme ohnehin keinen guten Stand hat. Er macht täglich jede Menge negativer Erfahrungen.

Die Eltern suchten den Schulpsychologen auf, der sie zu einem Entwicklungsneurologen schickte. Untersuchungen und Tests ergaben, dass Alexanders Aufmerksamkeitsprobleme in Wahrnehmungsverarbeitungsstörungen ihre Ursache hatten. Er hatte in den ersten Lebensjahren einige schwere Krankheiten gehabt, die lange im Krankenhaus behandelt werden mussten. Teilweise musste er sehr quälende Behandlungen über sich ergehen lassen. Seine Grundhaltung den Eltern gegenüber gipfelte in dem wütenden Vorwurf: »Ich bin eben von Geburt an nichts wert, ihr hättet mich doch gleich aufgeben können!« Er glaubte, seine Eltern hätten kein Interesse an ihm. »Warum wollt ihr mir überhaupt helfen?«

Die Eltern waren äußerst betroffen, ja schockiert über seine Frage. Plötzlich erkannten sie Alexanders negative Art und Weise, die Welt zu erleben, in ihrem ganzen Ausmaß.

Sie hatten eine besonders schwierige Aufgabe vor sich. Sie mussten gemeinsam mit ihm eine Antwort finden: »Warum sollten wir dir nicht helfen wollen?«, war ihre Gegenfrage. Alexander: »Weil es doch keinen Sinn hat.« Die Eltern: »Für uns hat es schon einen. Wir lieben dich und sind so stolz darauf, dass du es geschafft hast, gesund zu werden. Du hast so dafür gekämpft in deinen ersten Jahren, du warst so tapfer. Wir haben dadurch oft Mut bekommen. *Du* hast uns doch Mut gemacht. Sollen wir den jetzt einfach aufgeben?« Sie sprachen mit ihm darüber, *warum* sie sonst noch stolz auf ihn waren, und sie sagten: »Wir verstehen, dass die Schule für dich offenbar ein furchtbarer Stress ist. Lass uns nach einer Lösung suchen. Wir helfen dir, du kannst in jedem Fall auf uns zählen.«

Von da an gestaltete sich das Verhältnis mit den Eltern entspannter. Alexander merkte, dass seinen Eltern wirklich sehr viel an ihm lag. Er begann, sich nicht mehr auf der ganzen Linie als Verlierer zu sehen. Eltern und Sohn fanden nicht gleich eine Lösung für alle Zeiten, aber sie machten einen Anfang bei einigen zuerst unlösbar scheinenden Problemen. Alexander fand im Gespräch mit seinen Eltern heraus, dass er großen Spaß an Jazz hatte und gar zu gern selbst ein Instrument lernen wollte. Es zeigte sich, dass er mit großer Ausdauer Saxophon spielen lernte, dass er nicht aufgab, wenn ihm da etwas nicht gleich gelang. Er wusste, er hatte sich ein schwieriges Instrument gewählt, das er aber toll fand. Und er wurde von einer Band aufgenommen, in der er anfangs nur gelegentlich und dann regelmäßig spielte. Dort wurde er anerkannt. Sein Selbstvertrauen wuchs, sodass er auch in einer neuen Schule (die Eltern waren aus beruflichen Gründen in eine andere Stadt gezogen), in der er sich weniger unter Leistungs- und Erwartungsdruck fühlte, mehr Anerkennung fand. Seine Leistungen blieben mittelmäßig, aber er hatte in Musik die beste Zensur und schrieb die besten Aufsätze seiner Klasse. Manchmal zeigte sich bei schlechten Zensuren noch seine alte resignierte Haltung, aber er erkannte bald selbst (dank der Hilfe seiner Eltern), dass sie ihn nicht weiterbrachte. Er hatte gemerkt, dass niemand erwartete, dass er keine Fehler machte. Ja, mehr noch, er hatte erkannt, dass es sogar legitim war und einen weiterbringen konnte, Fehler zu machen. Er entdeckte schließlich, dass man aus ihnen oft lernen kann. Und sei es manchmal, keine falschen Erwartungen an sich selbst zu haben. Der Junge hatte mithilfe seiner Eltern gelernt, seine Möglichkeiten und seine Grenzen besser einzuschätzen.

Es ist ein Zeichen von Stärke und Autonomie, beides zu können. Es beinhaltet, dass wir einräumen, dass alle Menschen Grenzen haben (in unseren Fähigkeiten und unseren Toleranzen), die sie und wir bei anderen erkennen und respektieren müssen. Das Gleiche gilt für unsere Möglichkeiten, die trotz unserer Grenzen unendlich sind. Dies ist ein Paradox des Lebens, das nur versteht, wer sich ständig entwickelt, wer sein Hoffen, Denken und Mitfühlen nicht auf einem Ist-Zustand einfriert. Zu »werden« heißt sich selbst verwirklichen. Um es zurück auf die Erfahrungen des kleinen Alexanders zu bringen, hatte er es alles in allem zu einer Entwicklung gebracht, die auch die Eltern eine Zeit lang kaum zu erhoffen gewagt hatten.

Ein beeindruckendes Erlebnis aus seiner Kindheit schildert der Schriftsteller Stephen King. Ich benutze diese Gelegenheit zu erwähnen, wie sehr ich ihn schätze – als den besten und sensibelsten Kinderpsychologen der modernen Literatur (und ich weiß, dass ich damit ziemlich einsam dastehe). Er scheint mir einfühlsam und wachsam für die kleinsten Nuancen und Stimmungsänderungen in Sprache und Beziehungen zwischen Kindern und Erwachsenen wie kein anderer. In einem aus ein paar Worten bestehenden Dialog oder einem winzigen gedachten Kommentar eines

Kindes kann er eine komplexe Beziehungssituation lebendig werden lassen. Seine Liebe zu Kindern, zu dem kleinen Jungen, der Asthma hat und immer mit dem Fahrrad unterwegs ist, oder zu dem kleinen Mädchen, dessen Eltern sich im Streit zerreißen und das Angst vor gewalttätigen älteren Schulkameraden hat, und vielen anderen, ist das Geheimnis der Anteilnahme, die er zu wecken vermag – nicht der Horror.

Auch Stephen war als Klein- und Schulkind häufig krank. Wegen scheußlich schmerzhafter Eingriffe und Behandlungen und der verharmlosenden Versprechen von Ärzten schenkte er der Ehrlichkeit von Erwachsenen schon bald kein Vertrauen mehr.

Er verbrachte ein ganzes Jahr vorwiegend im Bett und sollte danach die Schule noch einmal von vorn anfangen. Während dieser Zeit las er »sich durch ungefähr sechs Tonnen Comics und machte weiter mit Tom Swift« und anderen Abenteuerbüchern. Irgendwann, nachdem er sich noch Jack Londons »gruselige Tiergeschichten« einverleibt hatte, begann er selbst zu schreiben. Seine Sprachkenntnisse waren damals noch äußerst beschränkt. Zum Beispiel schrieb er: »Sie wurden in einer Urine untergebracht …« Und er erklärt uns: »Ich brauchte noch ein oder zwei Jahre, bis ich lernte, dass es Ruine heißt.« Er verwechselte damals immer Prothese mit Prognose und dachte, eine Hure sei eine besonders große Frau. »Ein Hurensohn musste daher prädestiniert für Basketball sein.«

Das hemmte ihn wenig in seinem Schaffensdrang. Unbekümmert kupferte er einen seiner Lieblingscomics einfach »Wort für Wort … ab und fügte meine eigenen Schilderungen hinzu, wo es mir angebracht erschien«. Vor dem Schaffen stünde nun mal das Imitieren, kommentiert er sein gewissenloses Vorgehen.

Als sein Werk vollendet war, zeigte er es seiner Mutter, »die ganz entzückt war. Ich erinnere mich noch an ihr leicht verwundertes Lächeln, so als könne sie gar nicht glauben, dass eins ihrer Kinder so begabt sei – genau genommen ein richtiges Wunderkind, seien wir mal ehrlich.« Stevie fand ihren Gesichtsausdruck, den er noch nie an ihr gesehen hatte, einfach herrlich.

Dann jedoch fragte sie ihn, ob er sich das alles selbst ausgedacht hätte, und er musste eingestehen, dass er das meiste abgeschrieben hatte. Ihre Enttäuschung machte ihn ganz unglücklich.

Als sie ihm das Heft zurückgab, sagte sie: »›Denk dir selbst eine Geschichte aus, Stevie ... Diese Comics ... sind doch Schrott, da werden den Leuten immer nur die Zähne ausgeschlagen. Das kannst du doch viel besser. Denk dir selbst was aus!‹«

Das war sein Schlüsselerlebnis. Er war nicht etwa zerknirscht und schmiss auch nicht mutlos Schreibblock und Stift in die Ecke. Nein, er schildert, wie er bei dieser Aufforderung »von dem Gefühl unendlicher *Möglichkeiten* überwältigt wurde«, so als sei er »in ein riesiges Gebäude mit Unmengen geschlossener Türen geführt worden und habe die Erlaubnis erhalten, jede Tür zu öffnen. Es waren mehr Türen, als ein Mensch im Laufe seines Lebens öffnen konnte, glaube ich.«[27]

Seine Schilderung wirkte beim Lesen so ansteckend auf mich, dass ich selbst das Gefühl bekam, ich könne fliegen, wenn ich es nur wolle. Diese Mutter, nebenbei eine einfache, hart arbeitende Frau, die alle Mühe hatte ihre beiden Söhne ohne Vater durchzubringen, verdient in meinen Augen einen Orden. Sie nimmt Anteil an ihrem Sohn, liest aufmerksam, was er schreibt, drückt ihre Gefühle aus, die positiven und die negativen, in aller Ehrlichkeit, übt Kritik, indem sie auf den Glauben an viel größere Fähigkeiten in ihrem Sohn aufbaut. Das ist noch mehr als das, was wir konstruktive Kritik nennen. Es ist Intuition, Einfühlsamkeit, genaue Kenntnis ihres Kindes und zeugt von ihrem unerschütterlichen Vertrauen in den Sohn.

Nur auf diesem Hintergrund ist zu erklären, dass Stevie weiter wie ein Besessener schrieb, nun eigene Geschichten, die er bald schon an *Alfred Hitchcock's Mystery Magazine* schickte. Die Absagen (denn nichts anderes erhielt er als Antwort) heftete er mit einem Nagel an die Wand seines Dachstübchens. »Als ich vierzehn war ...«, schreibt er, »trug der Nagel ... das Gewicht der gepfählten Absagen nicht länger. Ich ersetzte ihn durch einen Haken und schrieb weiter.« Irgendwann erhielt er mit einer Absage einen Kommentar: »Gute Geschichte. Nichts für uns, trotzdem gut. Sie haben Talent. Machen Sie weiter!«

Und natürlich machte er es. Was später daraus geworden ist, wissen wir. Klein Stevie wurde ein Bestsellerautor. Was viele nicht wissen, ist, dass er vor dem Durchbruch mit *Carrie* mit seiner Frau und seinen Kindern so arm war, dass er ihnen oft nicht einmal dringend notwendige Medikamente kaufen konnte, dass er sich teils mit Lehrerjobs, teils in einer Wäscherei durchschlug und dass es ihm keineswegs gleichgültig war, dass die lesende Welt erst in den allerletzten Jahren seinen literarischen Rang erkannt hat. Eben einer, der sich nie hat unterkriegen lassen. Und wir haben ihm so viel Raum gewidmet, weil es uns um Kinder geht, die sich nicht unterkriegen lassen und die Eltern haben, die ihnen einen solchen Start im Leben ermöglicht haben.

Welches sind also die positiven Strategien, mit Fehlern und Niederlagen umzugehen? Wir haben sie weitgehend schon genannt, können sie uns aber nicht gut genug einprägen.

Positive Strategien im Umgang mit Fehlern und Niederlagen:

- Eine optimistische, vertrauensvolle Haltung dem Leben gegenüber.
- Realistische, nicht zu hochgesteckte Ziele und Erwartungen verfolgen.
- Fehler nicht als generelle Niederlage sehen und einzelne Niederlagen nicht als »Versagen im Leben«, sondern sie als Gelegenheit erkennen, aus ihnen zu lernen.
- Herausfinden, dass es Spaß macht, ihre Ursachen zu verstehen, um am Ende als Sieger daraus hervorzugehen.
- Bereit sein, verschiedene Wege auszuprobieren, um zum Ziel zu gelangen.
- Hilfe suchen und annehmen, wenn man sie braucht.

Väter und Mütter, die eine solche Haltung in ihren Kindern unterstützen oder sogar hervorrufen können, verhalten sich ganz ähnlich. Allerdings sind auch sie dabei häufig auf Unterstützung von außen angewiesen. Wer nicht gestützt wird, kann auch nicht stützen.

Elternstrategien:

- Sie erkennen und respektieren in ihren Erwartungen und Zielen die Wesensart des Kindes und sind darum realistisch.
- Sie hüten sich vor Erwartungen und Zielsetzungen bei ihrem Kind, die in Wahrheit auf ihren eigenen geheimen Wünschen und Interessen basieren.
- Sie hüten sich vor Perfektionismus.
- Sie vermitteln ihrem Kind die Überzeugung, dass Fehler und Niederlagen nicht nur erlaubt sind, sondern sogar erwartet werden.

- Sie stehen dem Kind auf seinen Wunsch mit ihrer Hilfe zur Verfügung und ermutigen es, Hilfe anzunehmen, ohne sie aufzudrängen.
- Sie überwachen ihre eigene Art, mit dem Kind zu sprechen, um es nicht zu demütigen. Sie vermeiden bestimmte Redewendungen wie »Ich hab's ja gleich gesagt«, »Du musst dich eben mehr auf den Hosenboden setzen« oder »Du gibst eben immer auf!« und andere Aussprüche, die dem Kind keinen positiven Ausweg offen halten. Sie wissen oder versuchen zu verstehen, dass ihr Kind das Gefühl hat, schon sein Bestes zu geben. Das erkennen sie an.
- Sie ermutigen es mit Vorschlägen wie: »Das ist wirklich schwierig. Lass es uns doch noch mal versuchen. Vielleicht findest du jetzt einen besseren, einfacheren Weg, wie du es hinkriegst.« Oder »Sieh mal, das hast du wohl nicht geschafft, weil es dir nicht so viel Spaß macht. Wenn dir etwas Spaß macht, kannst du viel mehr. Dann strengst du dich mehr an. Das finde ich prima. Wollen wir mal zusammen überlegen, wie Vokabeln lernen dir mehr Spaß machen könnte?«
- Sie versuchen, Situationen zu fördern oder herzustellen, in denen das Kind Erfolgserlebnisse hat – zum Beispiel eine Schach-, Theater- oder Sportgruppe, je nach der Lust und Neigung des Kindes, oder auch den Wechsel in ein anderes Schulumfeld mit weniger hochgesteckten Erwartungen und Anforderungen.
- Sie denken darüber nach, ob ihre eigene soziale Situation (zum Beispiel als Akademiker, Leistungssportler usw.) und die der vielleicht besonders erfolgreichen Geschwister das Kind unter einen Druck setzt, dem es nicht gewachsen ist.
- Sie überprüfen ihre eigenen Lebenseinstellungen. Sind sie eher optimistisch oder pessimistisch? Können sie selbst nicht leicht mit Niederlagen, auch nicht mit kleinen, fertig werden?

- Denken sie, dass ihr Kind sie als mitfühlend und ermutigend schildern würde?

Die Psychologen Brooks und Goldstein schildern in ihrem Buch *Raising Resilient Children*, wie ein kleiner Junge, bei dem die positive Strategie Erfolg hatte, eine kleine selbst verfasste Geschichte umschrieb. In ihr kam ein Hund vor, den er »Quitter« (einer, der immer aufgibt) genannt hatte. Er gab ihm nun den Namen »Try« (Versuch's!).

Manche Eltern, die das alles gern beherzigen möchten, fürchten insgeheim, der unerwünschte Effekt einer solchen Strategie könnte sein, dass ihr Kind versucht, es sich immer leichter zu machen, dass es allen Ehrgeiz verliert. Mehrere Untersuchungen haben gezeigt, dass meist das Gegenteil der Fall ist. Kinder neigen eher dazu, sich selbst streng zu bewerten. Wenn Eltern ihnen ihr Mitgefühl zeigen und realistische Erwartungen an ihr Kind, so wie es nun einmal ist, haben, wenn sie es liebevoll unterstützen, dann wird es mit hoher Wahrscheinlichkeit ihre Erwartungen sogar übertreffen. Denn es wird dann von seiner eigenen Motivation geleitet, die sich in dieser Situation frei entfalten kann. Die eigene Motivation, die ein Mensch aus sich selbst heraus schöpft, ist, wie viele Beispiele zeigen, der stärkste Motor. Weder Belohnungen noch Lob und schon gar nicht Druck ausüben, Drohungen oder Strafen können das bewirken. Letztere schwächen und verdummen das Kind sogar, wie wir mehrfach dargelegt haben.

Mit Erfolg umgehen

Wir haben es im vorigen Abschnitt schon gesagt: Die Art und Weise, eigenen Erfolg zu erleben, ähnelt stark der jeweiligen Art eines Kindes, mit Misserfolg umzugehen. Es gibt Kinder, die können sich riesig über ein Gelingen und über den kleinsten »Sieg« freuen, sei es ein paar Klötzchen aufgetürmt, ein schwieriges Bastelmodell gebaut oder eine gute Geschichtsarbeit geschrieben zu haben. Sie erleben es wie das Kleinkind, das stolz seine ersten Schritte allein macht und über das ganze Gesicht strahlt: »Seht mal, was ich geschafft habe!«

Andere können sich nicht recht freuen, egal, was sie erreichen. Auch die Bewältigung einer schwierigen Aufgabe macht sie nicht glücklich. Sie scheinen sich weder als hübsch, beliebt, klug, geschickt oder begabt zu erleben. Jeden Erfolg weisen sie von sich. Sie schreiben ihn dem Glück, dem Zufall oder anderen Umständen zu und sind überzeugt, er könne sich niemals wiederholen. In keinem Fall sehen sie sich selbst als Urheber ihres Erfolgs.

Die Gründe dafür sind vielfältig wie beim Umgang mit Fehlern. Sie liegen im angeborenen (nicht nur genetisch bedingten) Temperament, in der Erziehung, das heißt, in welchem Maß die Eltern vom ersten Lebenstag des Kindes an mitfühlend, liebend, kommunikativ und respektvoll mit dem Sohn oder der Tochter umgegangen sind, im entmutigenden Modellverhalten der Eltern, in zu hochgesteckten Erwartungen und vor allem in einem geringen Selbstwertgefühl.

Aufgabe der Eltern ist es, negatives Erleben nicht noch durch destruktive Kritik oder Druck zu verstärken. In vielen Familien geht es wahrscheinlich erst einmal darum, ein entspannteres »Klima« herzustellen, relaxter miteinander umzugehen, nicht so stark auf Mängel und Fehlleistungen ausgerichtet zu sein. In einem solchen Klima – eher heiter und sonnig als regnerisch und stürmisch – haben sie weniger

Mühe herauszufinden, wo die Kompetenzschätze eines Kindes liegen und woran es am meisten Spaß hat (auch wenn es das selten zeigt).

Welchen Faktoren schreiben wir einen Erfolg zu?

Um diesen Kindern zu helfen, ist jedoch mehr notwendig, als sie nur möglichst viele schöne Erfolge erleben zu lassen. Das heißt: Die Situationen aufzuspüren und zu fördern, die Erfolge des Kindes versprechen, das allein reicht noch nicht.

Worum es eigentlich geht, das ist, wem oder was oder *welchen Faktoren ein Mensch seinen Erfolg zuschreibt.* Verdankt er ihn dem Glück, der Hilfe anderer, sich selbst und seiner Leistung? Und wir fragen noch weiter. Diese Leistung wiederum, verdankt er sie nun seinem Fleiß, seiner Sorgfalt, seinem Spaß an der Sache, seiner Klugheit oder der Einfachheit der Aufgabe?

Wir sehen, es gibt viele Möglichkeiten, Erfolg zu bewerten. Auch Lehrer können einen Schüler in seiner Arbeit bei gleicher Leistung unterschiedlich bewerten. Dem einen mag die besondere Umsicht und Vorsicht in seinem Vorgehen imponieren. Der andere bewertet das gleiche Vorgehen vielleicht als unentschlossen.

Wie andere und wir selbst uns bewerten, hängt also keineswegs nur von objektiven Kriterien ab, es hängt von unseren Lebenserfahrungen, den Menschen, die uns ständig umgeben, den Erwartungen, die unsere Kulturzugehörigkeit an uns stellt, unserer Einsicht, unserem Wissen, unserer körperlichen Beschaffenheit und sogar – dem Wetter ab.

Kinder, deren Persönlichkeit sich auf Vertrauen und Stärke aufbaut, »widerstandsfähige«, »unbesiegbare«, »resiliente« Kinder, zeichnen sich immer durch hohe Selbstachtung aus. Sie haben ein natürlich gewachsenes, fest verwurzeltes Gefühl ihres Wertes. Damit erleben sie auch ihr Schicksal als etwas, was sie selbst steuern und über das sie Macht haben. Sie sind überzeugt, dass ihr Leben im Wesentlichen auf ihren eigenen Entscheidungen für bestimmte Wege, auf ihrer eigenen Wahl bestimmter Aktivitäten, Freunde oder Vorlieben aufgebaut ist. Erfolg ist für sie mit den eigenen Leistungen und Fähigkeiten verbunden. Sie fühlen diesen Erfolg nicht dadurch geschmälert, dass sie gelegentlich bei Sportarten oder Hobbys oder in der Schule die Hilfe von Erwachsenen oder älteren Freunden in Anspruch nehmen müssen. Sie leugnen nicht, dass andere einen positiven Einfluss in ihrem Leben haben. Sie sind realistisch in der Einschätzung ihres Erfolgs.

Es gibt jedoch eine Reihe von Hindernissen auf dem Weg dieser Entwicklung. Es lässt sich nicht leugnen, dass Kinder, die schon früh als meist unzufrieden, unersättlich, impulsiv-unkontrolliert oder zurückgezogen, ängstlich und scheu auffallen, es schwer haben, sich über eigene Erfolge »so richtig« zu freuen.

Die Gründe dafür sind weitgehend ungeklärt, und fest steht, dass sie außerordentlich vielfältig sind. Man könnte meinen, es seien vorwiegend depressive Kinder. Aber das lässt sich nicht aufrechterhalten.

Irgendetwas scheint bei denen, die sich über eigene Erfolge nicht freuen können, in dem Prozess der Bewältigung einer Aufgabe zu fehlen. Das *Bindeglied* zwischen der gestellten Aufgabe und ihrer Bewältigung, das *eigene Handeln und Denken* nämlich, wird offenbar gar nicht richtig erkannt.

Schematisch dargestellt, läuft wohl etwa Folgendes ab:

Im positiven Fall

Aufgabe → eigenes Handeln und Denken → Bewältigung (bewusst erlebt) Freude über den Erfolg

Im negativen Fall

Aufgabe → *eigenes Handeln und Denken* → Bewältigung (nebelhafter Bereich) Keine oder wenig Freude am Erfolg

Die Folge dieses nicht vollständig erlebten Prozesses ist, man kann sich nicht freuen. Die Aufgabe ist zwar gelöst, aber: Habe ich sie wirklich gelöst oder bin ich nur irgendwie zur Lösung gekommen? Manchmal geht's einem, der auf Kriegsfuß mit elektronischen Geräten steht, so: Zufällig beim Herumprobieren ruft er im Computer dieses oder jenes Menü auf, drückt er auf einen Befehl und – oh Wunder, toll! – es klappt genau das, was er gewünscht hatte. Seine Freude wird jedoch sofort gedämpft: Schon weiß er nicht mehr, wie er im Einzelnen nacheinander vorgegangen ist. Er hat ein Resultat, einen Erfolg, den er letztlich nicht (oder nur wenig) sich selbst zuzuschreiben hat, und er kann ihn nicht wiederholen, oder zumindest glaubt er das. So ähnlich scheinen diese Kinder ihren Erfolg zu erleben. Er gehört ihnen nicht wirklich, und sie können sich nicht wie andere, die von der eigenen Leistung überzeugt sind, darüber freuen.

Ein Ansatzpunkt der Eltern könnte sein, bei den jeweiligen Aufgaben, die das Kind mit Erfolg bewältigt hat, gemeinsam durchzugehen, mit welchen Schritten – welchem Handeln und Denken – es zum Ziel gelangt ist. Das heißt also: die fehlenden Bindeglieder aufspüren. Das lässt sich bei sportlichen Leistungen analysieren und meist auch bei intellektuellen und ganz bestimmt bei sozialen. Häufig haben Therapien im Umgang mit der eigenen Körperwahrnehmung wie Feldenkrais und alle, die unter dem Begriff »sensorische Integration« subsumiert werden, einen noch größeren Erfolg als der Versuch, die Probleme intellektuell zu lösen.[28]

Aber gewiss ist es nicht allzu schwierig aufzuzeigen, warum ein Kind und mit welchem Verhalten es besonders kooperativ, besonders fair und besonders einfallsreich einer Aufgabe zum Erfolg oder einem Spiel zum allgemeinen Spaß verholfen hat.

Es ist also von Nutzen, nicht nur die nicht-verstandenen, nicht-bewältigten Aufgaben hinterher durchzugehen – vielleicht kann man manchmal darauf lieber verzichten –, sondern eher *das genauer anzuschauen und zu analysieren, was zum Erfolg geführt hat.* So kann das Kind ein besseres Gespür und eine bessere Wahrnehmung für die eigene Leistung bekommen. Es ist schade, dass Lehrern dazu meist keine Zeit bleibt. Denn ein ganz anderes Schulkonzept, das nicht in weiten Bereichen auf dem bloßen Bewerten von positiven Resultaten in Zensuren basierte, sondern die einzelnen Handlungs- und Denkschritte eines Schülers auf dem Weg dahin mehr thematisierte und valorisierte, könnte sicher mehr Motivation erzeugen.

Mit anderen Worten: Wenn wenigstens die Eltern ihren Kindern nicht mehr ihre Misserfolge vorhalten, sondern stattdessen ihre Erfolge vorführen und mit ihnen analysieren, könnten sie auch mit den nicht so Optimistischen unter ihnen die Freude daran entdecken.

Um es auf einen Punkt zu bringen: *Eltern können helfen, ihren Kindern die Freude an der eigenen Leistung zurückzuerobern.* Dass dazu Lob oder Belohnung offenbar nicht ausreichend, vielleicht manchmal sogar das falsche Mittel ist, haben wir eben gezeigt. Es gilt, andere, noch nicht beschrittene Wege zu finden.

Die amerikanischen Psychologen Brooks und Goldstein führen dafür aus ihrer Praxis ein überzeugendes Beispiel an. Ein kleiner Junge, Andrew, mit geringfügigen Lernstörungen und keineswegs nur negativen Schulerlebnissen, konnte sich, wie die Eltern berichteten, niemals über Erfolge freuen. Je mehr sie ihn lobten, »je mehr Wind« sie um seine Erfolge machten, desto negativer war Andrews Reaktion. Als er von den Therapeuten gefragt wurde, ob es denn gar nichts gäbe, was er gut könnte und über das er sich dann freuen würde, antwortete er nach einiger Bedenkzeit: »Nein, ich hab entschieden, dass ich in nichts gut bin.« Die Psychologen versuchten diesmal nicht, ihn vom Gegenteil zu überzeugen. Dann sagten sie: »Gut, wenn du sicher bist, in nichts gut zu sein, dann haben wir wohl jetzt etwas herausgefunden, in dem du doch gut bist.« Der Junge protestierte. Die Therapeuten antworteten ihm: »Wir denken nämlich, dass du das erste Kind bist, dem wir begegnet sind, das gut darin ist, in absolut gar nichts gut zu sein.«

Andrew musste darüber erst mal nachdenken. Die Psychologen nutzten die Gelegenheit, ihm vorzuschlagen, zu Hause eine Liste zu machen, in der alles aufgezählt würde, worin jeder gut sein könnte, »damit wir dann sicherstellen können, dass du in nichts davon gut bist«. Andrew beeilte sich, gleich Beispiele beizusteuern: »Ich bin nicht gut in der Schule, in Soccer, in Baseball ...« Er sollte jedoch die Liste zu Hause mit seinen Eltern komplettieren, damit er auch ja nichts vergäße, worin er nicht gut war. Andrew ging aus dieser Sitzung immerhin vor sich hin lächelnd hinaus.

Als er das nächste Mal wiederkam, zog er statt einer langen Liste ein einziges Blatt mit etwa einem Dutzend Benennungen aus der Tasche und rief stolz aus: »Wir haben einiges gefunden, worin ich gut bin!« »Bist du da wirklich sicher?«, fragten ihn die Therapeuten. Das bekräftigte er und las ihnen vor, was als Erstes auf der Liste stand: »Wir haben herausgefunden, dass ich der Allerbeste in der Familie bin, der Mama ganz schnell wütend machen kann!«

Andrew hatte also angefangen, die Dinge einmal von einer anderen als der gewohnten Seite her zu sehen.[29]

Was es bedeutet, wenn Eltern sich wirklich mit dem Erfolg eines Kindes beschäftigen und auseinander setzen, zeigt die Fortsetzung des oben geschilderten, ersten furchtbar enttäuschenden und furchtbar ermutigenden Schreiberlebnisses von Stephen King:

»Letztendlich«, so berichtet er, »schrieb ich eine Geschichte über vier Zaubertiere, die in einem alten Auto herumfahren und kleinen Kindern helfen. Der Anführer war ein großer weißer Hase namens Mr. Rabbit Trick ... Die Geschichte war vier Seiten lang und mühsam mit Bleistift geschrieben.« Diesmal kamen keine eingeschlagenen Zähne vor und niemand, der vom Dach eines Hotels sprang, dafür aber weckte sie bei seiner Mutter gleich volle Aufmerksamkeit. Sie las sie sofort »in einem Schwung« durch. Der kleine Stephen sah, dass es ihr wirklich gefiel, »denn sie lachte an den richtigen Stellen«.

»›Und die hast du nicht abgeschrieben?‹, fragte sie, als sie fertig war. Nein, antwortete ich, hätte ich nicht. Sie sagte, die Geschichte wäre so gut, dass sie in einem Buch stehen könnte. Nichts im Leben hat mich je glücklicher gemacht ...« Er verfasste gleich »noch vier weitere Geschichten über Mr. Rabbit Trick und seine Freunde. Für jede gab sie mir einen Vierteldollar und schickte sie an ihre vier Schwestern, die wohl ein bisschen mitleidig auf sie herabsahen. Immerhin waren sie alle verheiratet. Ihnen war der Mann nicht weggelaufen ... Immerhin wollte sie ihrer Familie wenigstens beweisen, dass das Kind begabt war.«

Wieder hat diese Mutter das Beste getan, was sie tun konnte. Ihre konstruktive Kritik beim ersten Mal hatte den Jungen ermutigt, es nun besser und vor allem wirklich selber zu machen. Das heißt, die Mutter hatte seine Aufmerksamkeit auf sein Denken und Handeln gelenkt. Und nun war es nicht allein ihr Lob, das zählte, es war vor allem der Enthusiasmus, mit dem sie den Erfolg an der Leistung ihres Sohnes teilte und sogar ihre Schwestern und deren fantasielose Männer daran teilzuhaben aufforderte.

Was Kinder motiviert und autonom werden lässt

Wie sich Kinder selbst motivieren

Erfolg und Misserfolg erleben viele Kinder, wie wir gesehen haben, in ähnlicher Weise, je nach ihrem Temperament, ihren Lebenserfahrungen und ihren körperlichen Voraussetzungen. Positive oder negative Verhaltensgrundmuster und Strategien lassen beides in eine entweder fruchtbare oder unfruchtbare Entwicklung münden. Während sich für die einen Wege ungeahnter Möglichkeiten öffnen, geraten die anderen in Sackgassen, aus denen sie ohne Hilfe von außen kaum wieder herauskommen.

Eins haben wir noch nicht oder nur am Rande erwähnt: Motivation. Sie spielt bei dem eben geschilderten Erleben eine besonders wichtige Rolle. Natürlich versuchen Eltern und Lehrer, die ihnen anvertrauten Kinder so gut wie sie können zu motivieren – in ihrem Tun und Denken sowie in ihrer Bereitschaft, oft unbequeme und schwierige Aufgaben und Fertigkeiten zu meistern. Nur ist der Weg, den sie dabei beschreiten, wirklich der erfolgversprechendste?

Seit einigen Jahren gibt es eine Reihe von wissenschaftlichen Untersuchungen – häufig bei Studenten oder Managern – mit dem Ziel, herauszufinden, wodurch Motivation am besten gefördert wird. Das erstaunliche Ergebnis: Durch unsere traditionellen Erziehungspraktiken, die ich hier mehrfach dargestellt habe, jedenfalls nicht. Auch nicht durch Belohnung. Der Psychobiologe Hanus Papousek machte bei wenige Tage oder Wochen alten Babys Beobachtungen, die dies sogar schon in der ersten Lebenszeit nachweisen. Bunte Lichter, die sie auf beiden Seiten ihres Bettchens durch ihre bloße Kopfhinwendung anschalten konnten, waren das Testhilfsmittel. Unterschiedliche Kopfwendemuster – wie etwa zweimal Kopf hinwenden oder abwechselnd einmal und dann zweimal – waren erforderlich und wurden in ihrem Schwierigkeitsgrad gesteigert, um die bunten Lämpchen erstrahlen zu lassen. Anfangs belohnte man die Kinder mit süßer Milch. Man ging von der Annahme aus, das würde sie motivieren. Dann merkten die Forscher, dass das gar nicht notwendig war. Es zeigte sich, dass die Kinder allein durch ihren selbsterrungenen Erfolg motiviert wurden. Sie freuten sich, dass sie die bunten Lämpchen zum Strahlen brachten.

So früh schon erscheint beim Menschen ein Verhalten, das sich später im Leben als stärkster Faktor für Motivation erweist. Es ist Autonomie. Einer der ersten Sätze, die Kleinkinder sagen, ist »Selber machen!«, »Nanni kann das allein!«. Und es ruft oft heftigen Ärger hervor, wenn wir das nicht respektieren wollen.

Der beste Weg, Menschen – Kinder oder Erwachsene – zu motivieren, ist, ihr Streben nach Autonomie zu unterstützen. Bei größeren Kindern zum Beispiel, indem man ihnen die Gründe für die Wichtigkeit einer Aufgabe (Arbeit) erklärt und ihnen dann die größtmögliche Freiheit und Wahl der Mittel lässt. Mit diesem Vorgehen erreichen Eltern, Lehrer oder auch Vorgesetzte sehr viel mehr als mit dem traditionellen System von Belohnung und Strafe. Unsere Frage ist also nicht mehr »Wie motiviere ich mein Kind?«, sondern »Wie kann ich Umstände und Situationen herstellen, in denen Kinder ihren angeborenen Drang, selbst ›die Dinge in die Hand zu nehmen‹, ausleben können, um sich selbst zu motivieren?«.

Umgang mit Fremdbestimmtheit

Unter Autonomie verstehen wir, selbstbestimmt zu sein. Wir nennen das oft »selbstständig« oder »unabhängig« sein, obwohl es nicht ganz das Gleiche ist. In jedem Fall geht es darum zu verstehen, dass Menschen entweder selbstbestimmt oder fremdbestimmt (von anderen gesteuert und kontrolliert) handeln. Selbstbestimmt handeln heißt einmal, mit seinem eigenen Selbst im Einklang zu sein, und zum Zweiten, mit Interesse und Engagement bei der Sache zu sein. Man fühlt sich frei, wenn man autonom handelt, und man ist dann authentisch, das heißt wahrhaftig. Wer auf Anordnung, also fremdbestimmt, handelt, wird gedrängt. Er handelt ohne persönliches Engagement. Er kann in seinem Tun nicht sein wahres Selbst zeigen, »verwirklichen«.

Mit solcher Fremdbestimmtheit umzugehen, gibt es zwei Verhaltensweisen, die wir bereits im vorigen Kapitel beim Umgang mit eigenen Niederlagen und Erfolg beschrieben haben: Es ist entweder Unterordnung, das heißt in gewisser Weise Resignation (bei dem Kind, das sich nichts zutraut), oder Auflehnung und Revolte, also ein »schwieriges«, von der Umwelt oft als »störend« empfundenes Verhalten (wie bei dem Kind, das Anerkennung durch auffälliges Verhalten sucht). Weder diejenigen, die sich unterwerfen oder einfach nur kritiklos anpassen, noch die, die revoltieren, sind wirklich frei und autonom. Sie handeln in Reaktion auf etwas oder jemanden, das sie von außen bestimmt und Druck ausübt. Sie haben kein großes Selbstwertgefühl.

Erkennen wir jetzt unsere drei Typen von Kindern wieder?

Es ist jedoch wichtig, dass wir den Begriff des Selbst klären. Ich möchte ihn hier – der angelsächsischen Tradition gemäß – als soziales Selbst verstanden wissen, im Unterschied zur deutschen Tradition eines eher isolierten, nur für sich allein stehenden »Ich«. Denn was wir für uns und unsere Kinder anstreben, ist nicht, ein einsamer Science-Fiction-Held zu werden, sondern ein verantwortlich in einer Gesellschaft lebender mitfühlender Mensch. Wir wollen keine einsamen Kinder, die *allein gegen die ganze Welt stehen*. Das wäre ein gefährliches Trugbild. Wir möchten unseren Kindern helfen, sich zu Erwachsenen *in und mit der Welt* zu entwickeln, indem wir von Anfang an ihre Stärke und ihr Vertrauen fördern und unterstützen.

Wie das am besten gelingt, haben wir in den vorangegangenen Kapiteln untersucht. Kein Aspekt, der hier geschildert wurde, ist unwichtig. Wir sollten jeden einzelnen beim richtigen Kennenlernen, beim Geborgenheitgeben und im Mitgefühl, in einfühlsamer, immer dialogbereiter Kommunikation, im bedingungslosen Akzeptieren seiner Persönlichkeit und im Umgang mit den Niederlagen und Erfolgen unseres Kindes anwenden. Eigentlich enthält all das zusammen das von uns allen so sehr gesuchte Geheimnis, wie wir Autonomie fördern.

Um es noch einmal plastischer und nachvollziehbarer zu machen, gehen wir die einzelnen Aspekte durch.

Wie verhält sich eine Mutter, ein Vater oder ein Lehrer, die Autonomie unterstützen wollen?

- Sie versetzen sich in die Situation des Kindes. Das heißt, sie versuchen, die Dinge aus seiner Sicht zu sehen.
- Sie handeln in einer Art Bündnis mit dem Kind.

Der amerikanische Psychologe Edward L. Deci, Professor an der Universität Rochester, schildert dies am Beispiel eines kleinen Jungen im Kindergarten. Die Eltern des Kindes waren leidenschaftliche Gärtner und das Kind wuchs umgeben von wunderschönen Blumen auf. Sie waren ihm vertraut wie die eigene Familie. Im Kindergarten sollten die Kinder Blumen basteln und erhielten dazu rotes Papier für die Blüten und grünes für die Blätter. Alle Kinder schnitten daraus zweidimensionale Blumen aus, nur der kleine Junge nicht. Er knüllte rotes Papier zu einer dreidimensionalen Blüte zusammen. So sah nach seinen Erfahrungen eine Tulpe aus. Die Erzieherin wollte jedoch, dass die Kinder platte, ausgeschnittene Blumen auf ein Blatt Papier klebten. Sie verstand nicht, was der Junge tat. Sie brachte es nicht fertig, die gestellte Aufgabe aus seiner Perspektive zu sehen. Darum sparte sie nicht mit Kritik. Der Junge war verwirrt und tief betroffen.

Zu Hause erzählte er das Erlebnis seiner Mutter, die natürlich versuchte, ihn zu trösten und aufzumuntern, die aber merkte, dass sie sich in einem ziemlichen Dilemma befand. Schließlich konnte sie nicht einfach, wie es nahe gelegen hätte, die Kindergärtnerin für ihre Fantasielosigkeit kritisieren. Es wäre nicht gut gewesen, dem Kind zu sagen, es hätte eine schlechte Erzieherin. Sie zeigte und sagte ihrem Sohn, dass seine Art, eine Blume zu formen, wirklich eine gute Idee war, aber sie erklärte ihm auch, dass es manchmal notwendig sei, die Dinge so zu machen, wie die Erzieherin sie haben wollte. Ihre Vorstellung von einer Blume war nicht *besser* als seine, aber sie hatte diesmal die Blume nun einmal in dieser Form haben wollen. Dann machte die Mutter mit dem Kleinen gemeinsam noch mal eine richtig tolle dreidimensionale Blume.[30]

Die Mutter handelte sozusagen im Bündnis mit ihrem Sohn, ohne das Verhalten der Kindergärtnerin zu diskreditieren. Es ist wichtig zu erkennen, dass man Dinge von verschiedenen Seiten sehen kann, ohne dass zwangsläufig die eine Sicht dabei herabgewürdigt werden muss.

Eigene Entscheidungen treffen

Deci, der mit Kollegen von seiner Universität untersuchen wollte, worin das Geheimnis guten Schulunterrichts bestand, hospitierte in zahlreichen Schulklassen, wo er sich hinten hinsetzte und seine Beobachtungen machte. Er sagt, er war verblüfft festzustellen, dass er sich nach einzelnen Unterrichtsstunden so gut, glücklich und beschwingt, nach anderen dagegen wie zugesperrt, schwerfällig, belastet und unwohl fühlte.

Er wollte herausbekommen, woran das lag, und achtete nun besonders darauf, wie die Lehrer mit den Schülern umgingen und ihren Stoff darboten. »Und es schien mir, dass ich mich immer dann gut fühlte, wenn die Lehrer auf die Kinder eingingen, indem sie sich ihre Perspektive zu Eigen machten und sie in ihrer Initiative ermutigten. Schlecht fühlte ich mich dagegen, wenn die Lehrer fordernd und negativ kritisch gegenüber den Kindern vorgingen.« Auf dem Hintergrund dieser bloßen Beobachtungen entwickelten die Psychologen gemeinsam einen Fragebogen. Wie sie es erwartet hatten, ergab sich, dass die Lehrer, die stärker die Selbstbestimmtheit ihrer Schüler unterstützt hatten, sehr viel bessere Leistungsergebnisse erzielten als die, die kontrollierend-autoritär unterrichteten. Die Schüler der ersten Gruppe, also die mit den autonomes Verhalten fördernden Lehrern, waren viel neugieriger und interessierter und hatten offensichtlich ein höheres Selbstwertgefühl.

Decis Fazit: Auch wenn es natürlich eine Reihe von Dingen und Aufgaben gibt, die einfach getan werden müssen, so bleibt doch immer noch genügend Spielraum, um über das Was und Wie zu entscheiden. Das Ergebnis ist dann nämlich, dass Schüler oder Studenten die unausweichlichen Dinge akzeptieren und wirklich an ihnen arbeiten.

Fügen wir den beiden ersten Punkten also diesen hinzu:

- Autonomes Verhalten fördern bedeutet, eine Wahl anbieten, das heißt eine eigene Entscheidung des Kindes ermöglichen.

Natürlich gibt es da Ausnahmen. Wir alle wissen, dass man Kleinkindern nicht zu viele Dinge zur Wahl stellen sollte (»Marmelade oder Nutella?« genügt). Es gilt auch zu bedenken, dass manche Entscheidungen zu viel Stress und Konfliktstoff in einer Gruppe schaffen, wenn man zu viele daran teilnehmen lässt. Das Gruppenklima könnte darunter leiden. In Erwägung ziehen müssen Eltern und Lehrer natürlich auch die Reife eines Kindes, wenn es um bestimmte Entscheidungen geht. Manches kann ein Teenager vernünftig entscheiden, was ein fünfjähriges Kind noch nicht kann. Und dann gibt es auch Entscheidungen, die einfach so schnell getroffen werden müssen, dass es unsinnig wäre, zu viele einzubeziehen.

Manche werden nun mit dem Einwand kommen: »Aber mein Kind oder meine Schüler oder Angestellten wollen gar keine eigene Entscheidung treffen!« Sie zögen es vor, wenn man ihnen sagte, was zu tun sei. Viele Schüler oder Studenten kommen zum Lehrer oder Professor wegen eines Themas für einen Aufsatz oder eine Examensarbeit. Wenn man sie fragt: »Was würdest du denn gern machen, was würde dich interessieren?«, dann antworten sie: »Ich weiß nicht recht. Was meinen Sie?« Tatsächlich offenbart eine solche Haltung, dass ein Kind oder ein Schüler schon zu sehr die Erfahrung gemacht hat, zu Dingen gedrängt worden zu sein. Wenn man Menschen stets autoritär behandelt, dann kommt ein gewisser Zeitpunkt, wo sie es gar nicht mehr anders wollen. Wir wissen das aus der Politik. Das ist die Haltung, die autoritäre, repressive Staatsformen hervorbringt. Es scheint ein Schutzverhalten, eine Überlebensstrategie zu sein, dass Menschen sich schließlich fremdbestimmt orientieren. Wenn ihre Oberen für sie bestimmen, werden sie am wenigsten Ärger kriegen. Nur der Haken ist, dass sie weder mit ihren eigenen Fehlern und Niederlagen positiv umgehen, noch sich über ihre Erfolge freuen können. Wir haben das im vorangegangenen Kapitel dargelegt.

Natürlich geben Vorgesetzte, Eltern oder Lehrer auch manchmal vor, ein Kind oder Angestellter wollte gar nicht vor eine Wahl gestellt werden, um sich dahinter zu verstecken und damit ihr eigenes autoritär-kontrollierendes Verhalten zu rechtfertigen. Sicher ist es nicht immer leicht, sich so zu verhalten, dass man damit Selbstbestimmtheit fördert, besonders dann nicht, wenn wir es mit Kindern oder Erwachsenen zu tun haben, die gewohnt sind, unfrei zu handeln und einfach auszuführen, was ihnen aufgetragen wird. Aber Kinder haben eine ihnen eigene Lebendigkeit und einen natürlichen Drang zu Entscheidung, sie sind von ihren Anlagen her geradezu begierig nach Verantwortung. Wir können sie zu dieser ihnen innewohnenden Bestimmung zu Autonomie »zurückholen«, falls sie in ihnen verkümmert ist.

Dazu brauchen wir mehr als alles andere Vertrauen. In Wahrheit trauen ihnen doch die meisten Erwachsenen diese Qualitäten nicht zu. Sie sind selbst zu fremdbestimmt aufgewachsen, zu sehr gegängelt und »zurechterzogen« worden, um solchen Fähigkeiten bei ihrem Kind zu vertrauen.

Dies zu verstehen heißt auch erkennen, dass Erwachsene, also Eltern, Erzieher/innen und Lehrer, von denen wir erwarten, dass sie *autonomy supportive* (also Autonomie fördernd) sind, selbst ein Umfeld brauchen, in dem sie in dieser Weise unterstützt werden. Viele Lehrer zum Beispiel stehen wegen enger Lehrpläne, die in zu großen Klassen erfüllt werden müssen, unter einem Druck, der ihnen nicht erlaubt, die hier geschilderten Strategien anzuwenden. Sie selbst werden bevormundet und gedrängt. Da ist es schwierig und erfordert eine ungewöhnlich kreative und starke Persönlichkeit, trotzdem noch Mittel und Wege zu finden, Schule und Unterricht nach dem Stärke- und Vertrauensmodell zu gestalten, also Freiräume für Entscheidungen, Denkvergnügen und Lebenslust zu schaffen.

Allein die fälschlicherweise als motivierend und stimulierend eingeschätzte Praxis, alles unter Wettbewerbsgesichtspunkten einzuschätzen – sie drückt sich nicht nur in Zensuren aus –, entwertet von vornherein schon viele Bemühungen, ja macht sie zunichte.

Überlegen wir doch mal: Wir denken, ein Preis, eine gute Zensur feuert an. Mag sein, was den Sieger betrifft (aber sogar bei ihm ist es zweifelhaft, denn er steht damit wieder unter Fremdbestimmung, Fremdbeurteilung). Aber was ist mit den anderen? Die Wettbewerbssituation macht Menschen genau genommen zu Gegnern, zu Kampfgegnern. Denn in jedem Wettkampf wird nur der »Erste«, der Goldmedaillengewinner, als Sieger gesehen. Was nicht weiter schlimm wäre, wenn nicht schon von Silber und Bronze abwärts sich alle anderen als Verlierer sähen und gesehen würden. Wie oft haben wir es bei den Olympischen Spielen gehört: »Schade, für XY reichte es diesmal nur zu Silber. Er (sie) beschloss an den nächsten Spielen nicht mehr teilzunehmen.« Das heißt doch, dass viele hervorragende Sportler, Schüler und Studenten zu Verlierern gemacht werden!

Viel besser würden wir Verantwortung, Entscheidungsfähigkeit, kurz Autonomie fördern, wenn wir Zusammenarbeit in den Vordergrund stellen. Schüler können, statt gegeneinander ausgespielt zu werden (das ist es doch, gewollt oder ungewollt!), selbst Lehrerrollen übernehmen, im Team oder einzeln bestimmte Themen auswählen, darüber nachdenken, sie erarbeiten und sich gegenseitig dabei unterstützen. Wir dürfen darauf vertrauen, dass sie innerhalb eines Autonomie fördernden Arbeits- und Lernprozesses ihre eigenen Leistungen realistischer einschätzen als bei einem repressiven. Außerdem haben die Untersuchungen Decis und seiner Kollegen gezeigt, dass sich die Leistungen dann wesentlich verbessern.

Eine behinderte junge Frau, die neben dem Beruf ein Abendstudium zur Fortbildung und höheren Qualifizierung besucht, erzählte mir, sie hatte Probleme, in eine Projektgruppe aufgenommen zu werden. Solche Gruppen von drei bis vier Personen müssen die Studenten im Hauptfach einmal im Jahr bilden, um gemeinsam ein gewähltes Projekt zu erarbeiten, dessen verschiedene Aspekte sie untereinander aufteilen. Ein Vorhaben, das als Autonomie fördernd gedacht ist und zu dem eigentlich alle Lust haben müssten, denn es ist im Gegensatz zum übrigen Unterricht weitgehend ihnen selbst überlassen. Der Haken dabei: Im Jahresabschlusszeugnis wird diese Projektarbeit, mit einer Zensur bewertet, die ein besonderes Gewicht hat. Die Studentengruppe, die zunächst mit der jungen Behinderten arbeiten wollte, überlegte es sich bald anders. Sie hatten erkannt, dass diese Kommilitonin durch ihre motorischen Schwierigkeiten um einiges im Arbeitstempo (zum Beispiel Schreibtempo usw.) langsamer war als sie. Sie sagten ihr, sie empfänden sie als Hemmschuh, denn sie wollten die bestmögliche Zensur erzielen. Immerhin siegte dann doch ihre »Menschlichkeit« und sie einigten sich, die Behinderte »zu behalten«. Es stellte sich heraus, dass sie ihr Thema als Erste recherchiert und gegliedert hatte. Sie war zwar bei der Themenwahl von den anderen überstimmt worden, trotzdem gewann sie dem ihr zufallenden Aspekt der Arbeit genug Interesse ab. Jedenfalls war sie aufgrund ihrer Motivation im Vorsprung – zumindest was das Timing betraf.

Die meisten Studenten der Klasse fanden sich nur höchst widerwillig zu diesem doch eigentlich viel versprechenden, sehr selbstständig zu erarbeitenden Gruppenprojekt bereit. Hier bestätigt sich also exakt, was der amerikanische Psychologe beschreibt: Wer zu lange und nachhaltig Druck gewohnt ist, wem immer alles, einschließlich der Themenwahl und der Vorgehensweise, vorgeschrieben wurde, ist nicht oder kaum noch fähig, Selbstbestimmtheit zu wünschen. Zumal, wenn eine Zensurenwettbewerbssituation ihn letztlich zum Verlierer machen könnte, wodurch der Gedanke der Eigenbestimmtheit wieder eingeschränkt wird. Das aber entspricht, wie wir alle wohl schon erfahren haben, nicht mehr den Anforderungen, die die moderne Studien- und Arbeitswelt an Menschen stellt. Da sie weitgehend von Technologie und Wissenschaften – basierend auf vernetztem Denken – beherrscht ist, werden nicht nur gute Leistungen gebraucht (die, wie wir gesehen haben, in repressiven, konventionellen Arbeitsstrategien nicht ausreichend gefördert werden), mehr noch werden starke autonome Persönlichkeiten gebraucht. Es ist heute sogar notwendig – nicht nur tolerierbar –, dass Kinder, Jugendliche und Erwachsene aus den angebotenen Denkschemata auszubrechen fähig sind!

- Wettbewerbssituationen und Zensuren schaffen viele Verlierer.
- Es ist konstruktiver, bei jedem Einzelnen und jedem Team den schönsten Leistungsfortschritt hervorzuheben.

Deci macht einen praktischen Vorschlag, um bei den Selbstbestimmtheit fördernden Projekten niemanden zum Verlierer werden zu lassen. »Warum sollte nicht jedes Team einen Preis für seinen bedeutendsten Beitrag oder für seinen schönsten Leistungsfortschritt bekommen? Ich habe meinen (leider ziemlich ehrgeizigen) Töchtern bei Zensurenfrust häufig gesagt: Vergleicht euch mit euch selbst zu einem früheren Zeitpunkt, aber nicht mit anderen. Dann könnt ihr sehen, welche Fortschritte und welche Entwicklung ihr gemacht habt.« Im Kapitel über Erfolg habe ich erklärt, warum die Beurteilung einer Leistung so unterschiedlich ausfallen kann.

Die Aufgabe der Eltern besteht darin, dem Kind und zukünftigen Lehrling oder Studenten einen anderen, noch nicht festgetrampelten Weg zu eröffnen. Sie bereiten diesen Weg vor, vom ersten Lebenstag an. Nicht um einen kleinen »Leistungs-Lebens-Sportler« oder »-Künstler« heranzuzüchten, sondern um einem Kind zu seiner Selbstbestimmtheit zu verhelfen. *Letzen Endes bedeutet das Lebenslust.*

Das Stärke- und Vertrauensmodell in allen seinen Facetten gibt ihnen die Möglichkeit dazu. In den Kapiteln über das Kennenlernen und Akzeptieren habe ich angedeutet, welche ungewohnten kreativen Pfade uns Kinder, sogar die allerkleinsten, im Spiel auftun. Ihnen da zu folgen und eigene Kreativität einzubringen, ohne Spielregeln bestimmen zu wollen, heißt bereits Autonomie, also selbstbestimmtes Verhalten zu fördern. So wie der kleine Junge mit seiner Mutter, der aus hingeworfenen Steinchen Blumen erblühen lässt.

Warum Zielsetzungen helfen

Autonomy supportive zu sein gelingt uns besser, wenn wir den Wert von Zielen erkennen. Menschliches Verhalten, vor allem Handeln, ist in der Regel erfolgsorientiert. Erfolg ist zumindest bei einem Kind als Lustgewinn zu verstehen. Das zeigen schon die Babys, die durch bestimmte Kopfwendeschemata bunte Lichter zum Leuchten bringen, oder das Kleinkind, das vor Freude strahlt, wenn es vorsichtig das letzte Klötzchen auf einen Turm setzt. Wir lieben es, ein Ziel, eine Aufgabe, eine Herausforderung zu verfolgen und zu bewältigen. Einfach so. Wenn wir aus uns selbst heraus motiviert sind. Das Gute, Strukturierende daran ist, dass, wer ein Ziel verfolgt, »in der Spur« bleibt. Das heißt, er lässt sich nicht so leicht aus dem Konzept bringen und ablenken. Er bleibt bei der Sache. Man muss ihn nicht dazu anhalten oder ermahnen.

Denken wir also daran:

- Unser Handeln ist auf Erfolg ausgerichtet.
- Wer motiviert ist, kann kaum aus der Bahn geworfen werden.

Damit solch ein Ziel oder eine Aufgabe besonders motivierend ist, sollte es möglichst auf einen Menschen abgestimmt sein. Derjenige, der daran seine Kräfte ausprobieren will, sollte daran die optimale Herausforderung finden. Das Ziel darf also weder zu leicht sein (denn dann würde es ihn langweilen), noch zu schwierig (weil es ihn dann entmutigen und beunruhigen würde). Wenn wir herausfinden wollen, welche Aufgabe genau die richtige für ein Kind wäre, müssen wir in seine Schuhe schlüpfen, die Dinge aus seiner Perspektive sehen. Darüber haben wir eingangs bereits so viel erfahren, dass wir wissen, wie nutzlos wir nach geeigneten Aufgaben suchen würden, wenn wir nicht mit Kindern fühlen könnten.

Wir sollten nämlich bedenken: Die gleiche Sache, zum Beispiel stundenlang und über den vorgeschriebenen Arbeitstag hinaus Akten durchzuarbeiten, kann für einen Chef ganz anders sein als für eine Sekretärin, erinnert uns Deci. Der eine mag eine persönliche Befriedigung darin finden, zumal sie außerdem noch seiner hohen sozialen Stellung und seiner Bezahlung entspricht, die andere aus entgegengesetzten Gründen ganz und gar nicht. Man kann diesen beiden Menschen also nur dann jeweils die richtige, angemessene Aufgabe geben, wenn man sich ihre Lebensperspektive vor Augen führt.

Der beste Weg für Arbeitsgruppen, Schulklassen und ihre Schüler ist, sie in den Prozess der Aufgabenstellung miteinzubeziehen. Menschen, die eine aktive Rolle bei einer Zielsetzung übernehmen, haben auch Lust, sie dann auszuführen. Dann können sie auch an der Beurteilung ihrer eigenen Leistung teilnehmen. »Und wer weiß besser als sie selbst, wie gut sie es gemacht haben?«, fragt Deci.[31] Er konstatierte manchmal mit Überraschung, dass seine Studenten, wenn er sie um ihre Beurteilung zu ihrer eigenen Arbeit bat, ziemlich genau das aussprachen, was er ihnen hatte sagen wollen.

Ein Beurteilungsprozess steht und fällt in seinem Wert, je nachdem ob er Kritik oder die notwendige Lösung eines Problems in den Vordergrund stellt. Wenn Aufgaben so beurteilt werden, dann wird auch dem einzelnen Kind die Wichtigkeit *seines persönlichen Beitrags* zur Lösung erkennbar. Es ist dann bereit, weiter daran zu arbeiten oder darüber nachzudenken, denn es fühlt sich durch die Bedeutung, die seinem Beitrag zugemessen wurde, motivierend bestätigt. So macht es die wichtige Erfahrung, dass es Verantwortung bekommen und übernommen hat. Also:

- Nicht Kritik, sondern die Lösung eines Problems in den Vordergrund stellen

Grenzen setzen, einschränkend oder konstruktiv?

Ja, alles schön und gut. Natürlich möchten wir, dass unsere Kinder einmal autonom werden. Nur, müssen wir nicht auch Grenzen setzen?

Grenzen setzen, der Satz ist heute in aller Munde und wird wie der Griff nach dem letzten Strohhalm beschwörend zu Hilfe gerufen.

Ein Baby stößt allein durch die Umstände seiner Entwicklung und seiner Situation in unserer modernen Welt (in der man »nichts anfassen« darf, um nur ein Beispiel zu nennen) ständig an Grenzen. Und wir müssen es oft mit einem kräftigen »Stopp« vor Gefahren schützen. So besteht kein Anlass, wie viele denken, ihm auch noch künstlich Frustrationen und Einschränkungen zu verordnen, die es in seiner Entwicklung – vor allem der Entwicklung seines Verstandes und seiner Gefühle – nur behindern würden.

Ebenso sollten wir von einem Baby und Kleinkind keine oder nicht zu viel Autonomie erwarten. Solche Erwartungen sind stark geprägt von der Gesellschaft, in der wir leben, »kulturabhängig« nennen wir das. Im Norden gehen wir, was Autonomieerwartungen betrifft, schon mit kleinen Kindern ganz anders um als im Süden. Je nördlicher desto höher, je südlicher desto geringer scheinen die Erwartungen – nach einer groben Einschätzung.

Eingangs haben wir untersucht, warum zu hohe Autonomieforderungen in den ersten Lebensmonaten die absolut wünschenswerte Sicherheit der frühen Bindung *gefährden*. Paradoxerweise geht in unserer traditionellen Erziehung nun auch noch zu früh Autonomie fordern (nicht fördern!) mit zu früh Grenzen setzen einher.

Grenzen haben nur einen Sinn, wenn man zunächst den Sinn des Prinzips einer freien Entfaltung eines Individuums erkannt hat. Um zu einem Kind Nein zu sagen, muss man ihm viele Male ermutigend Ja gesagt und seine Fragen nach bestem Wissen und Vermögen beantwortet haben.

Wir können Grenzen aber auch anders verstehen. Nicht nur als Einschränkungen, sondern als notwendig, um Verantwortung und Entscheidungsfähigkeit zu fördern.

- Selbstbestimmtheit sollte nicht mit Unverantwortlichkeit verwechselt werden. Ganz im Gegenteil. Durch ein Autonomie förderndes Verhalten können wir Kindern viel besser helfen, Grenzen anzuerkennen und verantwortlich zu denken als in einer Druck ausübenden, fordernden, strafenden Erziehung.

Das Allerwichtigste ist doch, dass ein Mensch *versteht*, wo seine Rechte beginnen und wo sie enden, dass er weiß, wo er etwas auf Kosten anderer tun oder erreichen will. *Verstehen*, welche Rechte ich habe und welches die Rechte des anderen sind. Mit einem Kind darüber zu reden und nachzudenken, wie Menschen am besten in einer friedlichen Gemeinschaft leben, ist eine gute Strategie für Eltern und Lehrer, und man kann es schon mit Drei-, Vierjährigen üben.

Grenzen sind also notwendig, sie müssen aber nicht im Gegensatz zu einem selbstbestimmten Handeln und Denken stehen. Kinder können durchaus schon erkennen und wählen, welche Grenzen für sie selbst sinnvoll sind. Sobald unsere persönlichen Entscheidungen die Rechte anderer verletzen würden, müssen wir darüber nachdenken, welche Grenzen wir uns setzen wollen. Kinder können mit Geschwistern, Freunden, Klassenkameraden darüber diskutieren und die Hilfe der Eltern oder Lehrer dabei in Anspruch nehmen.

Setzen wir Grenzen, ist es wichtig, wie wir damit umgehen, wie wir uns ausdrücken, zum Beispiel, wenn wir wollen, dass auch andere, in diesem Fall unsere Kinder, sie einhalten. Je mehr wir ihnen zeigen, dass wir ihre Perspektive, ihr Empfinden für eine Sache oder Situation verstehen können, desto leichter werden sie bereit sein, die von uns vorgeschlagenen Grenzen anzuerkennen.

Zum Beispiel können wir der vierzehnjährigen Tochter sagen: »Viel Spaß heut Abend mit deinen Freundinnen.« Die Zeit, die wir fürs Nachhausekommen bereits vereinbart haben, muss nicht unbedingt als eine Forderung mit ausgesprochen werden. Wir sollten uns Sätze wie »Und denk wenigstens diesmal dran, um zehn Uhr zu Hause zu sein!« oder »Und lass uns nicht wie üblich erst eine halbe Stunde warten!« usw. ganz verkneifen!

Wenn der Teenager verstanden hat, warum es wichtig ist, zu einer bestimmten Uhrzeit zu Hause zu sein, wird er jedenfalls diese Grenze leichter akzeptieren. Das wird noch unterstützt dadurch, dass wir mit ihm oder ihr über andere Dinge, die mit dieser Grenzsetzung zu tun haben, reden und dass wir selbst einmal vereinbarte Grenzen einhalten.

Beim Grenzensetzen geht es darum, dass wir unseren Kindern etwas über Freiheit vermitteln: Sie sollen ja erkennen, dass das Leben in unzähligen Situationen unzählige Möglichkeiten bietet, sich zu entscheiden. Aber sie müssen auch erkennen lernen, dass diese Entscheidungen, diese jeweilige Wahl, die sie dann treffen, bestimmte Folgen hat. Jede Entscheidung, jede Wahl, die ich treffe, hat ihre Konsequenzen und die muss ich bedenken, wenn ich meine Wahl treffe.

- Freiheit heißt Verantwortung übernehmen.

Auch dann habe ich wieder die Wahl: Ich kann in meinen selbst gesetzten Grenzen bleiben oder ich kann sie überschreiten. Dann bin ich auch bereit, die Konsequenzen der

Überschreitung – egal wie unangenehm sie sein mögen – auf mich zu nehmen. Über all diese Dinge ständig im Gespräch zu bleiben, kann für Eltern von heranwachsenden Kindern eine lohnende und spannende Aufgabe sein. Sie selbst werden davon in nicht erwarteter Weise profitieren.

Dieser skizzenhafte Ausblick über Selbstbestimmtheit bei größeren Kindern hat hier vor allem den Sinn, Eltern zum Anfang dieses Buchs rückblickend verstehen zu lassen, wie wichtig jeder einzelne und kleine Schritt und Aspekt in unserem Stärke- und Vertrauensmodell war. So weit reichen die Folgen, wenn wir auf das erste Gebabbel unseres Babys mitfühlend eingehen, wenn wir seine besondere Gefühlssprache erkennen, wenn wir es in seinen Eigenheiten akzeptieren und seine verborgensten Schätze mit ihm ausgraben.

Viele werden dieses Erziehungskonzept zu idealisierend finden. Ich selbst glaube nicht an Perfektheit und wünsche sie auch niemandem und keinem Kind »perfekte« Eltern. Aber ich denke, Liebe allein ist schon Ideal und Realität in einem. Das Wunderbare an Liebe ist ja gerade, dass sie in aller Unvollkommenheit und Schwäche ihre größte Stärke offenbaren kann. So sind auch liebende Eltern. Sie haben nichts »falsch« gemacht. Sie haben den sie stützenden oder schwächenden Umständen gemäß gehandelt und gefühlt, so wie sie es konnten und wussten. Und ich wünsche ihnen, dass sie ihr Ziel nun ein wenig sicherer und im Vertrauen auf ihr Kind verfolgen können.

Anhang

Anmerkungen

1 Donald W. Winnicott: *Home Is Where We Start from. Essays by a Psychoanalyst.* Norton & Company, New York 1990
2 Anne Frank: *Tagebuch.* Fischer, Frankfurt 2001
3 Emmy E. Werner, Ruth S. Smith: *Vulnerable but Invincible: A Longitudinal Study of Resilient Children and Youth.* Mc Graw Hill, New York 1982
4 Siehe auch Robert Brooks, Sam Goldstein: *Raising Resilient Children.* Contemporary Books, Lincolnwood 2001
5 Katharina Zimmer: *Das wichtigste Jahr; Erste Gefühle; Was mein Baby sagen will; Versteh mich doch bitte* u.a.
6 Karl Gebauer, Gerald Hüther: *Kinder brauchen Wurzeln. Neue Perspektiven für eine gelingende Erziehung.* Walter, Düsseldorf/Zürich 2001
7 Katharina Zimmer: *Wer sind unsere Kinder. Pubertät – die zweite Chance, wenn Eltern ratlos sind.* Goldmann, München 1996, S.114 ff.
8 Robert Brooks, Sam Goldstein: *Raising Resilient Children*, S. 22.
9 Siehe Joseph LeDoux: *Das Netz der Gefühle. Wie Emotionen entstehen.* Hanser, München 1998, Antonio R. Damasio: *The Feeling of What Happens. Body and Emotion in the Making of Consciousness.* Harcourt Brace, New York 1999 u.a.
10 Alicia F. Lieberman: *Ein kleiner Mensch. Das Gefühlsleben des Kindes in den ersten drei Jahren.* Rowohlt, Reinbek 1995
11 Joseph LeDoux: *Das Netz der Gefühle.*

12 Daniel Goleman: *Emotionale Intelligenz*. Hanser, München 1996

13 Klaus E. Grossmann, Karin Grossmann: »Das eingeschränkte Leben. Folgen mangelnder und traumatischer Bindungserfahrungen.« In: Karl Gebauer, Gerald Hüther: *Kinder brauchen Wurzeln*. S. 35-63.

14 Vgl. Mary Ainsworth: *Patterns of Attachment*. Lawrence Erlbaum, Mahwah (New Jersey) 1978; John Bowlby u.a.: *Frühe Bindung und kindliche Entwicklung*. Ernst Reinhardt, München 2001

15 Klaus E. Grossmann, Karin Grossmann: »Das eingeschränkte Leben.« In: Gebauer, Hüther: *Kinder brauchen Wurzeln*, S 35-63.

16 Informationen über das »Prager Eltern-Kind-Programm« und Adressen von PEKiP-Gruppen in Ihrer Nähe finden Sie im Internet unter www.pekip.de oder unter Telefon 0203/71 23 30.

17 Françoise Dolto u.a.: *Tout est langage*. Gallimard, Paris 1995

18 Paul D. MacLean: *The Triune Brain in Evolution. Role in Paleocerebral Functions*. Plenum Publ., New York 1990

19 Jerome Bruner: *Child's Talk. Learning to Use Language*. Norton & Company, New York 1985, S. 27

20 Brooks und Goldstein: *Raising Resilient Children*, S.106

21 Berry Brazelton: *Die Hürden der ersten Lebensjahre. Ein Kind wächst auf*. Klett-Cotta, Stuttgart 1999 u.a.
Stella Chess and Alexander Thomas: *Know Your Child. An Authoritative Guide for Today's Parents*. Basic Books, New York 1989

22 Ellen J. Langer: *Kluges Lernen. Sieben Kapitel über kreatives Denken und Handeln*. Rowohlt, Reinbek 2001

23 Candace B. Pert: *The Molecules of Emotion. Why You Feel the Way You Feel*. Simon & Schuster, New York 1999

24 Katharina Zimmer: *Wer sind unsere Kinder?* Goldmann, München 1996 und *Gefühle – unser erster Verstand*. Diana, München 1999

25 Siehe Daniel N. Stern: *Die Lebenserfahrung des Säuglings*. Klett-Cotta, Stuttgart 1992

26 Robert Brooks, Sam Goldstein: *Raising Resilient Children*

27 Stephen King: *Das Leben und das Schreiben*. Ullstein, Berlin 2000, S. 29f.

28 Ulla Kiesling und Jochen Klein: *Inge Flehmig – Sensorische Integration. Ein bewegendes Leben für eine sinn-volle Kindheit*. Modernes Leben, Dortmund 2002. Vgl. dort die Kapitel, in denen Inge Flehmig, Entwicklungsneurologin und Leiterin des Sozialpädiatrischen

Zentrums Hamburg, ihre Gedanken und Beobachtungen aus der eigenen Praxis im Umgang mit Hunderten von Kindern darlegt.

29 Brooks und Goldstein: *Raising Resilient Children*. S. 139f.

30 Edward L. Deci: *Why We Do What We Do. Understanding Self-Motivation*. Penguin Books, New York 1995, S.141f.

31 Deci: *Why We Do What We Do*, Kapitel »Setting Goals«, S. 152f.

Literaturempfehlungen

Ayres, Jean A.: *Bausteine der kindlichen Entwicklung. Die Bedeutung der Integration der Sinne für die Entwicklung des Kindes*. Springer Verlag, Heidelberg 1998

Brooks, Robert/Goldstein, Sam: *Raising Resilient Children – Fostering Strength, Hope and Optimism in Your Child*. Contemporary Books, Lincolnwood (Chicago), Illinois 2001

Cyrulnik, Boris: *Un Merveilleux Malheur*. Editions Odile Jacob, Paris 1999

Deci, Edward L.: *Why We Do What We Do. Understanding Self-Motivation*. Penguin Books, New York 1995

Donaldson, Margaret: *Wie Kinder denken*. Piper, München 1991

Frank, Anne: *Tagebuch*. Fischer, Frankfurt 2001

Gebauer, Karl/Hüther, Gerald: *Kinder brauchen Wurzeln. Neue Perspektiven für eine gelingende Entwicklung*. Walter Verlag, Düsseldorf/Zürich 2001

Greenspan, Stanley I.: *The Challenging Child. Understanding, Raising, and Enjoying the Five ›Difficult‹ Types of Children*. Perseus Books, Reading, Massachusetts 1995

Langer, Ellen J.: *Kluges Lernen. Sieben Kapitel über kreatives Denken und Handeln*. Rowohlt, Reinbek 2001

LeDoux, Joseph: *Das Netz der Gefühle. Wie Emotionen entstehen*. Hanser, München 1998

Largo, Remo: *Babyjahre. Die frühkindliche Entwicklung aus biologischer Sicht*. Piper, München 2001

Lieberman, Alicia F.: *Ein kleiner Mensch. Das Gefühlsleben des Kindes in den ersten drei Jahren*. Rowohlt, Reinbek 1995

Lindgren, Astrid: *Pippi Langstrumpf*. Oetinger, Hamburg 1987

Miller, Alice: *Evas Erwachen. Über die Auflösung emotionaler Blindheit*. Suhrkamp, Frankfurt 2001

Papousek, Mechthild/Nikolaus Hofacker u.a.: *Münchner Schreisprechstunde für Schreibabys*. Sonderdruck in: *Sozialpädiatrie für Praxis und Klink* 16, Nr 11, Verlag Kirchheim, Mainz 1994

Saint-Exupéry, Antoine de: *Der kleine Prinz*. Karl Rauch, Düsseldorf 1998

Stern, Daniel N.: *Die Lebenserfahrung des Säuglings*. Klett-Cotta, Stuttgart 2000

Stern, Daniel N. : *Tagebuch eines Babys – Was ein Kind sieht, spürt, fühlt und denkt*. Piper, München 1997

Werner, Emmy E./Smith, Ruth S.: *Vulnerable but Invincible. A Longitudinal Study of Resilient Children and Youth*. Mc Graw Hill, New York 1982

Winnicott, Donald W.: *Kinder. Gespräche mit Eltern*. Klett-Cotta, Stuttgart 1994

Zimmer, Katharina: *Was mein Baby sagen will. So finden Eltern mehr Vertrauen in ihre angeborenen Fähigkeiten*. Goldmann, München 1999

Zimmer, Katharina: *Das wichtigste Jahr. Die körperliche und seelische Entwicklung im ersten Lebensjahr.* Kösel, München 1996

Zimmer, Katharina: *Erste Gefühle. Wie Eltern und Baby einander kennen und lieben lernen.* Kösel, München 1998 und Mosaik, München 2001

Zimmer, Katharina: *Versteh mich doch bitte. Über die alltäglichen Mißverständnisse zwischen Eltern und Kindern.* Kösel, München 1992 und Goldmann, München 1997

... Eltern sein dagegen sehr

Erziehungsberater im dtv

… Eltern sein dagegen sehr

Erziehungsberater im dtv

Gerlinde Ortner
Märchen, die Kindern helfen
Geschichten gegen Angst und Aggression, und was man beim Vorlesen wissen sollte
ISBN 978-3-423-**36107**-1

Jirina Prekop
Christel Schweizer
Unruhige Kinder
Ein Ratgeber für beunruhigte Eltern
ISBN 978-3-4233-**36030**-2

Claudia Schäfer
Montessori in der Pubertät
Ein Elternratgeber
ISBN 978-3-423-**34195**-0

Hilfe, mein Kind spricht nicht richtig
Sprachförderung in der Familie
ISBN 978-3-423-**34419**-7

Julia Rogge
Der Familienführerschein
ISBN 978-3-423-**34330**-5

Manfred Spitzer
Vorsicht Bildschirm!
Elektronische Medien, Gehirnentwicklung, Gesundheit und Gesellschaft
ISBN 978-3-423-**34327**-5

Angelika Steffen
Schule – und dann?
So helfen Eltern ihren Kindern bei der Berufswahl
Ein FOCUS-SCHULE-Buch
ISBN 978-3-423-**34510**-1

Wörterbuch Pädagogik
Von Horst Schaub und Karl G. Zenke
ISBN 978-3-423-**34346**-6

Peer Wüschner
Pubertät
Das Überlebenstraining für Eltern
ISBN 978-3-423-**34182**-0

Was Werte so wertvoll macht
Ein Wegweiser für Eltern und Erzieher
ISBN 978-3-423-**24681**-1

Kinderwunsch – die Geburt und die ersten Jahre

B. Leiber, M. Radke und M. Müller
Das Baby-Lexikon
ISBN 978-3-423-**36221**-4

Monika Arndt
Das Baby-Kochbuch
Gesunde Ernährung für Ihr Kind
ISBN 978-3-423-**36187**-3

Wie Kinder gesund und fit bleiben
250 Rezepte für die ganze Familie
ISBN 978-3-423-**34483**-8

Nasma Scheibler-Shrestha
Ruth Lehmann
Babymassage
Die Sprache der sanften Berührung in der Newar-Tradition
ISBN 978-3-423-**36191**-0

Julia Rogge
Den Alltag in den Griff bekommen
Familien-Management
ISBN 978-3-423-**36199**-6

Der Familienführerschein
ISBN 978-3-423-**34330**-5

Penelope Leach
Die ersten Jahre deines Kindes
Übers. v. C. Brusdeylins, A. Fäser u. U. Galter
ISBN 978-3-423-**36232**-0

Doro Kammerer
Das erste Lebensjahr
ISBN 978-3-423-**36290**-0

Das zweite Lebensjahr
ISBN 978-3-423-**36309**-9

Das dritte Lebensjahr
ISBN 978-3-423-**34036**-6

Die ersten drei Lebensjahre
Ein Elternbegleitbuch
ISBN 978-3-423-**34140**-0

Claudia Schäfer
Hilfe, mein Kind spricht nicht richtig
Sprachförderung in der Familie
ISBN 978-3-423-**34419**-7

Schule und Erziehung

Experten klären Ihre Fragen und helfen bei Problemen.

Christiane Alvarez
Hochbegabung: Tipps für den Umgang mit *fast* normalen Kindern
ISBN 978-3-423-**34404**-3

Roland Geisselhart
Cordula Kießling
Gute Noten mit legalen »Spickzetteln«
So lernen Kinder schneller und besser
ISBN 978-3-423-**34374**-9

Leichter lernen mit FOCUS-SCHULE
Hg. v. Gaby Miketta

Petra Thorbrietz
Konzentration
Wie Eltern ihr Kind unterstützen können
Mit Tests und Übungen
ISBN 978-3-423-**34445**-6

Ischta Lehmann
Motivation
Wie Eltern ihr Kind unterstützen können
Mit Tests und Übungen
ISBN 978-3-423-**34475**-3

Claudia Tebel-Nagy
Gedächtnis
Wie Eltern ihr Kind unterstützen können
ISBN 978-3-423-**34506**-4

Lisa Lindberg
Wenn ohne Joint nichts läuft
Was man über Cannabis wissen muss
ISBN 978-3-423-**34280**-3

Julia Rogge
Der Familienführerschein
ISBN 978-3-423-**34330**-5

Claudia Schäfer
Montessori in der Pubertät
Ein Elternratgeber
ISBN 978-3-423-**34195**-0

Angelika Steffen
Schule – und dann?
So helfen Eltern ihren Kindern bei der Berufswahl
Ein FOCUS-SCHULE-Buch
ISBN 978-3-423-**34510**-1

Johannes Wilkes
Der kleine Kindertherapeut
Erste Hilfe für Kinder in seelischen Nöten
ISBN 978-3-423-**34423**-4

Peer Wüschner
Pubertät
Das Überlebenstraining für Eltern
ISBN 978-3-423-**34182**-0

Katharina Zimmer
Widerstandsfähig und selbstbewußt
Kinder stark machen fürs Leben
ISBN 978-3-423-**34225**-4

Hilfe zur Selbsthilfe

Peter Angst
Ehen zerbrechen leise
Ein Frühwarnsystem für Paare
ISBN 978-3-423-34028-1

Gene D. Cohen
Geistige Fitness im Alter
So bleiben Sie vital und kreativ
Mit einem Vorwort von Manfred Spitzer
ISBN 978-3-423-34530-9

Christoph Emmelmann
Das kleine Lachyoga-Buch
Mit Lach-Übungen zu Glück und Entspannung
ISBN 978-3-423-34429-6

Roland R. Geisselhart u.a.
Das perfekte Gedächtnis
Der schnelle Weg zum Superhirn
ISBN 978-3-423-36525-3

Marie-France Hirigoyen
Mobbing: Wenn der Job zur Hölle wird
Seelische Gewalt am Arbeitsplatz und wie man sich dagegen wehrt
Übers. v. I. M. Gabler
ISBN 978-3-423-34123-3

Die Masken der Niedertracht
Seelische Gewalt im Alltag und wie man sich dagegen wehren kann
Übers. v. M. Marx
ISBN 978-3-423-36288-7

Thomas Hohensee
Der innere Freund
Sich selbst lieben lernen
ISBN 978-3-423-24679-8

Helmut Fuchs, Andreas Huber
Gefühlsterroristen
erkennen, durchschauen, entwaffnen
ISBN 978-3-423-24482-4

Mathias Jung
Das sprachlose Paar
Wege aus der Krise
ISBN 978-3-423-34053-3

Mut zum Ich
Auf der Suche nach dem EigenSinn
ISBN 978-3-423-34116-5

Trennung als Aufbruch
Bleiben oder gehen? Ein Ratgeber aus der Praxis
ISBN 978-3-423-34335-0

Wolfgang Kiener
Johannes Weise
Die Individualismus-Falle
Warum die Lebensfreude schwindet und wie wir das ändern können
Mit einem Vorwort von Anselm Bilgri
ISBN 978-3-423-24675-0

Rainer E. Kirsten
Joachim Müller-Schwarz
GruppenTraining
Ein Praxisbuch mit vielen Übungen und Tests
ISBN 978-3-423-34484-5

Bitte besuchen Sie uns im Internet: www.dtv.de

Hilfe zur Selbsthilfe

Kate Klimo, Buffy Shutt
Midlife Power
Durchstarten in die zweite Lebenshälfte
Übers. v. C. Filius-Jehne
ISBN 978-3-423-**24619**-4

Helmut Kolitzus
Das Anti-Burnout-Erfolgsprogramm
Gesundheit, Glück und Glaube
ISBN 978-3-423-**34013**-7

Hannelore Krollpfeiffer
In meinem Alter
Ein respektloser Ratgeber
ISBN 978-3-423-**34196**-7

Endlich alt – und gar nicht weise
Ansichten und Einsichten
ISBN 978-3-423-**34383**-1

Arnold A. Lazarus
Clifford N. Lazarus
Der kleine Taschentherapeut
In 60 Sekunden wieder o. k.
Übers. v. C. Trunk
ISBN 978-3-423-**34315**-2

Jan Macdonald
Männer nach der Trennung
Übers. v. B. Lemke
ISBN 978-3-423-**34500**-2

Arnold A. Lazarus, Allen Fay
Ich kann, wenn ich will
Anleitung zur psychologischen Selbsthilfe
Übers. v. W. Pauls
ISBN 978-3-423-**36109**-5

Ute Lauterbach
Werden Sie Ihr eigener Glückspilot
Ganz und anders leben
ISBN 978-3-423-**34353**-4

Doris Märtin
Gut ist besser als perfekt
Die Kunst, sich das Leben leichter zu machen
ISBN 978-3-423-**34462**-3

Hans Morschitzky, Sigrid Sator
Die zehn Gesichter der Angst
Ein Handbuch zur Selbsthilfe
ISBN 978-3-423-**34226**-1

Ursula Nuber
Depression
Die verkannte Krankheit
ISBN 978-3-423-**34272**-8

Manfred Otzelberger
Suizid
Das Trauma der Hinterbliebenen
Erfahrungen und Auswege
ISBN 978-3-423-**36258**-0

Lothar Seiwert
Das Bumerang-Prinzip
Mehr Zeit fürs Glück
ISBN 978-3-423-**34130**-1

Mia Törnblom
Was bin ich mir wert?
Selbstachtung als Schlüssel zu einem erfüllten Leben
Übers. v. S. Engeler
ISBN 978-3-423-**34473**-9

Hilfe zur Selbsthilfe

Barbara Sher
Barbara Smith
Ich könnte alles tun, wenn ich nur wüsste, was ich will
Übers. v. G. Schwarzer
ISBN 978-3-423-**24448**-0

Lebe das Leben, von dem du träumst
Übers. v. G. Schwarzer
ISBN 978-3-423-**24585**-2

Du musst dich nicht entscheiden, wenn du tausend Träume hast
Übers. v. B. Lemke
ISBN 978-3-423-**24654**-5

John Selby
Die Liebe finden
Wie Sie Ihrem Wunschpartner begegnen
ISBN 978-3-423-**34424**-1

Was mich stark macht
Mehr Lebensqualität durch Mind-Management
Übers. v. B. Lemke
ISBN 978-3-423-**24363**-6

Arbeiten ohne auszubrennen
Spirituelle Techniken für den Berufsalltag
Übers. v. K. Petersen
ISBN 978-3-423-**34060**-1

Wer warten kann, hat mehr vom Leben
Der entspannte Weg zu mehr Gelassenheit
Übers. v. K. Petersen
ISBN 978-3-423-**34090**-8

Heinz-Peter Röhr
Weg aus dem Chaos
Die Borderline-Störung verstehen
ISBN 978-3-423-**34286**-5

Wege aus der Abhängigkeit
Destruktive Beziehungen überwinden
ISBN 978-3-423-**34463**-0

Viktor Sommer
Jetzt ist es genug!
Leben ohne Alkohol
ISBN 978-3-423-**34222**-3

Bärbel Wardetzki
Ohrfeige für die Seele
Wie wir mit Kränkung und Zurückweisung besser umgehen können
ISBN 978-3-423-**34057**-1

Mich kränkt so schnell keiner!
Wie wir lernen, nicht alles persönlich zu nehmen
ISBN 978-3-423-**34173**-8